广告专业“十三五”规划教材
21世纪广告学实用教材

广告文案写作

郑建鹏　李建萍 编著

中国传媒大学出版社
·北京·

目录

CONTENTS

第一章　理解广告文案

世界著名的广告大师奥格威曾经说过:“广告是文字性的行业,在奥美公司,通常写作越好,提升越快。”[①]另一位美国广告学者史载平斯也曾经明确提出“广告文案是广告的核心”。[②] 从这些大家的言论中我们可以体会到,广告文案对于优秀广告来说具有不言而喻的重要价值和意义。当然,广告文案的地位也绝不是靠名人言论建立起来的,具体的广告实践和广告效果都在清晰地告诉我们这一观点。在现代广告中,几乎所有的广告,无论是线上媒体的还是线下媒体的,无论是大众媒体的还是小众媒体的,无论是历史悠久的诸如报纸之类传统媒体的,还是新兴的网络、手机、移动电视等新媒体的,都离不开语言文字这一工具。当然文案的作用还不仅仅体现为工具,文字所承载的广告信息是经济的,也是最具凝聚力的,更是最有效的。美国权威调查机构曾经做过相应的关于广告效果的测试,测试结果表明,一篇广告 50%～70%的效果来自于广告文案。

然而广告文案创意人员往往是广告公司中最不受人待见的角色——写字造句谁不会?尤其是艺术设计院校学习平面

① 奥格威.一个广告人的自白[M].林桦,译.北京:中信出版社,2008.
② 高志宏,徐智明.广告文案写作[M].北京:中国市场出版社,2002.

设计和广告设计的学生，对此更是不屑一顾，认为这是小儿科，那些为他们所开设的广告文案课程，其教学效果自然也就好不到哪儿去了。其实，实际情况并非如此简单，优秀的广告文案都是撰写人员殚精竭虑、呕心沥血的结果。奥格威给劳斯莱斯汽车写过一个文案，光广告语他就写了26条，然后拿给公司里的6位文案创作人员看，最终选出了一条："这辆劳斯莱斯汽车在时速六十英里时唯一的声音来自于电子钟。"所以奥格威说："我必须给很多作者的文案提出评语。当他们仅仅提供一条广告语时，我总是很恼火。他们为什么不能写一打甚至两打呢？"①正因为广告文案撰稿人全身心投入，制作出了大量优秀的不同风格的广告作品，才使得广告文案呈现出异彩纷呈的繁荣景象。那么，作为广告设计专业的学生，你们应该具备什么样的广告文案观念以及如何正确地辨识和理解它呢？

第一节　什么是广告文案

广告文案，顾名思义，就是广告中的文字内容或文字部分。这个定义看似简单，其实非常不严密，并可能延伸出许多不同理解的立场和观念。首要的问题有两个：第一，此处的广告作何理解，是动词的广告活动还是名词的广告作品？其含义可是大不一样的。第二，文字属于文案，那语言属不属于文案？文字虽然是语言的书面形式，但毕竟同语言的存在状态不同，不是所有的广告都是以文字形式存在的，影像的东西除了视觉外，还有听觉的语言元素在起作用，那这算不算文案呢？

因此，对于广告文案的本质的讨论，大致有如下两个方面的理解。其一为"文学派"的观点，这一派认为，既然广告文案的写作乃是文学写作的一

---

① 奥格威. 一个广告人的自白[M]. 林桦，译. 北京：中信出版社，2008.

种，那广告文案的宗旨就是使用优美的文学的语言和文字，用描写、抒情创作意象，产生意境，来展示产品特点和品牌形象。这样的广告文案比比皆是。如铁达时手表的平面广告文案："一厢情愿/爱在世界的最边缘/梦难圆/咫尺天涯/不再回首/此生隐没在无爱的忧愁。"这篇广告口号为"不在乎天长地久，只在于曾经拥有"的广告作品用抒情的手法来诉求爱情对于人生的价值和意义，而爱情的见证就是铁达时手表。它丝毫没有描述手表的做工、价格、包装等具体内容，而是把手表同感情相结合，同爱情相结合，以感性的手法来传播产品的形象。"文学派"的观点认为，这才是广告文案。

但这种例子明显有些极端和绝对，在日常生活中，我们发现大量的广告作品中的语言文字并非是这种风花雪月、具有感性形象的，有很多是用抽象的概念、道理进行逻辑的论证，甚至是用数据来阐明一个观点、一件事由。这些难道就不是广告文案了吗？很显然，它们不仅是广告文案，而且是广告文案中非常重要的内容，对于产品特质的传播具有非常重要的价值和意义。这些或议论或说明的文字明确地阐明了产品或服务的特征、功能以及生产商对消费者的利益承诺，达到了以理服人、促进销售额增长的目的。这些文字完全不同于以形象塑造、情感表现为归依的文学艺术作品，肯定不能说是"文学写作中的一种"。

此外，即使是用文学手法创作出来的广告作品，也不见得就属于文学写作。我们知道，纯粹的文学创作应该是无功利性的，真正的文学写作不存在什么特殊的目的，文学创作的根源在于作者有强烈的情绪需要抒发和表达，这绝对与促进产品销售额的增长毫不相关。如果非要追究文学的功利性，那大概就是所谓的社会教育意义和唤起民众精神认识的作用了，这是社会效益和价值，绝不是广告文案所追寻的经济效益。

另一方面的理解是，狭义的广告文案只是指广告作品中的语言文字。这里所指的是已经发布的成形的广告作品。对平面广告来说，这样的定义是非常准确的，但是对广播广告和电视广告来说，就未必了。

在电视广告和广播广告的创意与制作中，我们需要经过从思维到实际制作的过程。从头脑中的创意想法再到影像资料和声音等广告内容，这中间需要经历脚本撰写的过程。广播广告和电视广告的脚本将创意人员头脑中的想法进一步详细化和实体化，通过广告脚本的撰写来完整体现广告创意，并进一步指导广告拍摄、剪辑和制作人员的工作。广告脚本的撰写工作非常重要，它是联系创意与表现的中间环节。脚本是通过语言文字的方式呈现出来的，而且这些语言文字同成形之后的广播广告和电视广告是完全不同的两种表现形态。按照狭义广告文案派的观点，广播广告和电视广告是不属于广告文案部分的，这显然是不准确的，也是对于广告创意和文案人员重要工作的忽视。所以狭义广告文案派的观点对于平面广告设计与制作或许准确，但并不符合广播广告和电视广告创作的现状。

那么广告文案的定义应该如何下呢？这里我们提供三个具有代表意义的观点：第一个是张微《广告文案写作》的理解，即“所谓广告文案，是以语言文字为物质媒介符号，传达出创作主体某种特定的广告构想和诉求的篇章”。① 第二个是高宏志、徐智明《广告文案写作》的理解，即广告文案是指“某一广告作品中为传达广告信息而使用的全部语言符号（包括有声语言和文字）所构成的整体。它与非语言符号共同构成有效传达信息的广告作品”。② 第三个是丁柏铨《广告文案写作教程》的定义：“广告文案应当是广告作品的文字部分。”③

在笔者看来，第一种理解过于宽泛，而后者则又相对狭隘了。

对于第一种理解，如果把所有能表达广告构想和诉求的篇章都称作广告文案，那么用来做广告提案的语言文本是不是也应该算广告文案呢？还有那些策划阶段的文字表述，它们也传达了某种特定的广告构想和诉求，只

---

① 张微.广告文案写作[M].武汉：武汉大学出版社，2002.

② 高志宏，徐智明.广告文案写作[M].北京：中国市场出版社，2002.

③ 丁柏铨，蒋旭峰，夏文蓉.广告文案写作教程[M].上海：复旦大学出版社，2002.

是这个诉求尚处于笼统的宏观和策划阶段而已，它是不能在下一步被表现出来的。表达这些内容的语言或者文字显然不能算作广告文案，因为它们不具备广告表现的直接性，是隔了好几层的。显然这种定义将广告文案同广告策划书混淆在一起，其实后者包括的内容比前者多得多。

第二种理解，显然又有些狭隘了，难道只有在广告作品中出现的东西才是广告文案吗？媒体没有发布、没有在广告作品中出现的语言和文字，如电视广告文案中的画面内容陈述以及拍摄技法的提示性说明，以及一些关于演员、拍摄环境、拍摄背景等的说明，就不是广告文案了吗？还有广播广告中关于音响、音乐以及人物精神状态等的说明性文字也不是广告文案了吗？当然是，这些都是，而且是非常重要的组成部分。

第三种理解同第二种理解一样，显然也忽视了广播电视广告脚本的重要意义和价值，其实它们也是支撑广告作品的重要组成部分，而且诸如演员表演要求、布景要求、广告的基调、音乐要求等都在成形的广告作品中通过另外一种形式表达了出来，它们之前的语言文字形式也应该是广告文案的重要组成部分。

因此，综合对已有的一些广告文案定义的理解，我们把广告文案的本质归纳为如下几点，这几点对于广告设计专业的学生改变错误的文案观念、树立良好的广告创作观非常重要。

第一，广告文案是手段，是传达信息的手段。

广告文案不是广告的最终目的，而是为了实现某种目的而采取的一种艺术化的手段。广告使用文案，不是为了让诉求对象看一些漂亮的文字，听一些美妙动听的话，更不是为了让广告文案人员施展文学才华的，广告文案的目的是为了将消费者和诉求对象的注意力吸引到产品上，同时有效地传达产品信息，促进产品销售。所以有人说，广告文案是为别人陪嫁而非自己出嫁。著名广告人阿尔弗雷德·伯利兹曾有一段很有意思的描述，大体意思是：假设在一个有大窗户，看出去是一片美丽的乡间景色的房间里，在窗户对面的墙上装着三面镜子。第一面镜子表面不平，有污点，看起来很脏。第二面镜子清洁精巧，并装有雕刻精美的镜框。第三面镜子没有镜框也没有装饰，是一面清楚的、完美无瑕的镜子。那么，这三面镜子哪面最适合做广告文案的喻体呢？我们先来看参观者的说法。对于这三面镜子，一位参观者分别从里面看到了什么呢？第一次，参观者看到了一面不好的镜子；第二次，参观者看到了一面漂亮的镜子；而最后一次，参观者说："我从开着的窗户里看到了一片美丽的景色。"广告文案就是第三面镜子，诉求对象从中看到的不应该是镜子本身，而是镜子里透露出来的商品的美丽风景。[①]

广告文案是手段，进一步讲，它是传递商品和服务信息的手段。广告通过信息传播活动可以达到说服消费者的目的，文案则是其中关键的信息载体。当然这些信息可能是产品独有的优势和产品购买的利益，也可能是品牌所代表的某种格调和氛围，还有可能是消费者在使用产品过程中同产品发生的各式各样的故事。不管信息的内容如何，这些信息最终都可以帮助品牌形成良好的消费者印象，从而带动销售额的增长。所以，广告文案人员在撰写文案时，绝不能像文学创作一样陷入语言和文字的一味雕琢中去，想表达什么内容比如何表达内容更重要，信息内容比语言技巧更为广告文案所看重。

第二，广告文案是符号，是有声语言和文字传播符号。

我们把广告文案归结为符号，尤其是归结为传播符号，是为了让大家更清晰地认识到广告文案的本质是一种传播现象，而不应仅仅关注如何遣词造句。

广告文案这一符号，起码包括两个部分：其一是有声语言的符号，是声音形式的符号，比如演员所说的每一句对白、画外音、独白等都属于广告文案的有声语言的范畴，尤其是在广播、电视以及网络等其他新媒体日益发达

---

① 高志宏，徐智明. 广告文案写作[M]. 北京：中国市场出版社，2002.

的今天，越来越多的文案在广告中以有声语言的形式而不是文字来表现。有声语言的文案不应该仅仅是文字文案的有声版，而应该适应不同媒介的传播特点，拥有自己的个性和生命。

其二是文字语言的符号。除了有声语言外，文字更是广告文案的重要组成部分，它的范围非常广泛，除了最基本的标题、口号、征文与附文以外，广告中出现的产品包装上的文字、广告场景中的文字，其他在广告中出现的语言符号（如广告中可能会出现的一张纸条或一封短信），也应该被纳入到广告文案的范围中。

广告文案是使用语言和文字的传播符号，在一则广告中，最重要的信息往往都是通过文案来明确地传达的。一般认为，广告效果的50%—70%来自于广告中的语言文字。作为一种信息传播符号，语言文字在文案中变幻出丰富多彩的形态，或朴素、或华美、或幽默、或凝重，但无论风格如何变化，广告文案只有一个目的，那就是让信息传达更加有效。广告文案人员的职责就是灵活而艺术地驾驭好这一语言符号，有效地传达商品的信息。

第三，广告文案是工具，是沟通商品与消费者的工具。

广告文案的工具性自不必多言，虽然我们在欣赏一些优秀广告作品，尤其是华文广告界里台湾地区的某些广告作品时，总是被广告文案里所透露出来的那些散发着浓浓书香之气的语言所震撼与感动，但评价一个广告优劣时毕竟不能仅仅依靠这些表面的东西，一个广告是否有效最终还是要看它吸引了多少消费者关注，甚至促生了多少购买行为。所以广告文案不可能只做漂亮的鲜花，而应该既可远观，又可"亵玩"焉！

所以，广告文案这一工具绝不是用来撑场面的，而是可以真正发挥作用的，它是沟通品牌与其消费者或潜在消费者，即广告的诉求对象的桥梁。诉求对象的身份、年龄、性别、生活方式、消费心理、消费行为等特征在广告文案中常常得到非常充分的描述，但这些概念化的术语往往使得文案人员忘掉广告是在对人说话，从而写出一些根本无法深入消费者内心的、纯粹是

“销售说辞”的文案。广告的诉求对象从本质上说就是你和我，是和我们大家没有什么不同的，有血有肉、有情感、有好恶的“人”。广告与消费者的沟通，就是与人的沟通，能和人沟通的广告，才是真正有效的广告。

第四，广告文案是传达，是受到策略和创意限定的戏剧化传达。

广告文案本身不是广告活动的终极目标，广告文案只是广告活动的一个阶段性环节，其目的是传播产品信息或者跟品牌有关的某些观念、事件等。广告文案是一种传达的工具。我们通常认为，工具是否好用，能否发挥最大的作用是关键。什么样的工具管用呢？首先，要吸引人。对于优秀的广告文案人员来说，他们都希望能够充分发挥想象力和创造性，跳出简单的套话式的语言藩篱，写出一些新鲜的、独特的，能够让诉求对象耳目一新，同时又具有强烈的吸引力和说服力的广告文案。其次，广告文案毕竟是向诉求对象传达商品信息的工具，工具再漂亮，最关键的还是要有实用性，所以广告文案想象力和创造性的发挥不能是毫无边界的。它不是独立的创意工作，而只是将创意从概念变为具体作品的一个表现。文案的传达方式要由创意限定，而不是由文案人员自由选择。文案人员的任务就是将创意概念融入文案之中，并且充分借助语言文字的力量，让广告所找到的创造性传达方式最大限度地发挥作用。如果说广告文案的创造性是一种舞蹈的话，那创意和策略就是这个舞蹈的掣肘，这种舞蹈也是戴着镣铐的舞蹈，是更有挑战性的。

第五，广告文案是环节，是创意符号化的重要环节。

如果把广告文案放到广告运作的整个过程来看，广告文案写作应该属于广告表现环节，是确定了广告策略和广告创意之后的创意执行环节。广告表现和创意执行环节的任务就是根据策略为广告信息寻找创造性的传达方式，并最终形成广告作品。广告表现的最终源头是广告策略思考，即首先将广告策略中关于如何诉求、如何表现的内容概括出来，形成明确的创意策略。这包括广告诉求对象、诉求重点、广告中将要出现的形象、广告诉求的态度、广告的格调等。它是广告创意的思考框架，确定了广告策略之后广告创意人员才开始进行创意概念的发想，即在创意策略的指导下，思考用怎样的戏剧化和创造性的方式将广告信息传达给诉求对象，这个过程的结果就是明确的创意概念。

当然，所谓的创意概念是关于信息如何传达的笼统的想法，抽象而不明确，更不生动。它必须借助于各种传播符号，如文字、语言、画面、声音等才能有效传达。广告表现的过程就是将创意通过以上符号具象出来的过程，那么用语言符号来具象化产品信息就是文案人员的工作，用线条、色彩、形态等非语言符号来具象化产品信息就由设计人员来完成。所以，广告文案是广告运作中广告信息符号化的重要环节。

第二节　广告文案的写作过程

广告文案的写作是一个系统化的过程，它需要遵循循序渐进的原则，在充分占有各种资料的基础上，调动广告文案人员的智慧。我们把广告文案的写作过程分为广告案头准备、广告文案构思、广告文案初稿自我检测、广告文案发布前的文本测试四个阶段，分别陈述如下：

一、广告案头准备

1. 熟悉广告战略

每一个广告活动都是为广告战略的实施服务的。广告文案人员首先须了解和熟悉广告主的广告战略，并将对广告战略中一些问题的把握与广告主的企业、产品、服务等因素联系起来统一考虑。

2. 把握广告策略

(1)广告活动和广告表现的目的。通过明确广告活动和广告表现的目的,明确文案写作的目的性。广告文案写作活动自始至终都要围绕广告活动和广告表现的目的来进行。

(2)广告活动和广告表现的主题。广告文案的写作要在明确的主题下,进行符合该主题的具体表现,并将主题深化。只有把握好应表现的主题,才能按照策略中的主题要求去实施文案的写作,文案也才能真正符合策略要求,展现策略的智慧。

(3)广告活动和广告表现的诉求对象和诉求策略。明确广告文案将面对的、将诉求的独特对象,使文案在表现风格、语言特征、诉求角度、诉求方式等方面能真正对应目标受众和目标消费者。

(4)广告表现的媒介策略。文案写作者要针对广告表现的媒介策略,针对某种媒介或者媒介组合,在一定的媒介版面或时间的限制中进行广告文案的长短、表达调性的确定。只有符合媒介策略、与媒介特性相对应的广告文案才能不折不扣地执行策略和创意。

3. 研究广告创意

广告文案写作就是对广告创意策略的具体表现,它是一个与广告创意先后相继的表现过程、发展过程、深化过程。因此,必须研究广告创意。

(1)广告创意的目的是什么?创意与广告所要传递的信息之间的关系如何?创意在哪一方面原创而有效地表现了广告信息?

(2)创意中界定的产品或品牌概念是什么?创意希望作品如何表现这一概念?具体的手法和突出点在哪里?

(3)创意中是否运用了人物形象或其他一些需要特别注意的内容?如果运用了名人形象,文案写作就必须在语言风格、表达特征等方面与人物之间达到统一。如果创意中采用了其他一些需要特别注意的内容,文案人员就需要掌握体现其特别内容的表现手法，在创意的要求下，进行富有特色的具体表现。

(4)对于创意中的表现概念和表现设定，用语言文字来表达时，需要做怎样的努力，才能实现其目标效果？是否可以在创意的基础上，借助语言文字的特殊性对其进行深化和发展？如何深化和发展？

二、广告文案构思

1.构思的过程

构思的过程，是在广告文案写作中深化和发展创意的过程。在构思过程中，我们要运用一些创意的方式进行文案的结构构成、语言排列与意境营造。文案在头脑中大致形成了一个雏形：标题该怎么写？可以用怎样的语言风格和语言排列？正文中要表现哪一些信息？这些信息的表达次序怎样？是用短文还是用长文？如果用长文，要不要用小标题？小标题可分为哪几个？小标题之间的承接关系该怎样……雏形形成后，提笔写作才真正开始。

2.构思的方式

(1)直觉构思法。指文案写作时以广告策略中的创意概念为中心，将广告信息进行直接的表达，而不是间接的、复杂的表达。以直觉构思法产生的文案容易写、容易懂，在广告信息本身就很吸引人的前提下，这是一种简单明了的表达方式。但因为太直接，可能会有失生动性和吸引力。

(2)头脑风暴法。这是一种集体性的创作活动。是各相关人员共同思考、共同进行头脑风暴，创作出广告文案的写作和处理方法。它要求在多种不同的文案表达方式和文案风格中，选取或嫁接出一种独特的文案表现形式。

(3)联想构思法。这是利用联想能力进行构思的活动。丰富的联想是文案人员写作的必备条件,运用联想,可产生生动而有效的文案。联想构思法可以运用接近联想(由一个意象联想到与它在时间和空间上较为接近的意象,并运用此接近意象表现广告信息)、相似联想(由一个意象联想到另一个与它相似的意象,并运用此相似意象进行广告信息的表现)、对比联想(由一个意象联想到另一个与它相对立的意象,并运用此对立意象表现广告信息)等几种联想方式进行构思。

(4)反向构思法。不是正面地构思,而是以反向构思来表达广告信息。将通过构思而获得的文案写作的方式和风格界定,用语言形诸文字,此时文本就出现了。在将语言形诸文字的过程中,富于表现力的语言排列技巧和表达技巧,是一个文案人员的基本功,也是其特色所在。

在这里我们只是简单地对这些创造性的思维方法进行阐述,在后文中会有大量的广告文案作品对这些方法进行更细致的阐释。

三、广告文案初稿自我检测

在前述两个步骤的铺垫下,写作的冲动突然来临,一切的一切都在这一刻化作文字倾泻而出,广告文案文本就这样出现了。

广告文案文本的出现,并不意味着文案写作过程的结束,还需要一个逐项自我检测的过程。在逐项检测的过程中,检测的主体除了文案人员之外,还需要美工设计、文案主任、创意总监、项目主管等一起参与。

文案人员要根据文案写作与广告信息、广告主题、广告表现概念、目标受众、所发布的媒体,以及所发布的时段、版面等各个方面之间的有效配合,进行文案的自我检测。

四、广告文案发布前的文本测试

完稿并不是文案写作过程的终结。完稿之后，还要对文案进行发布前的文本测试。发布前的文本测试是广告文案写作和其他文本写作的一个重要区别。典型的测试方式有如下几种：

1.使用广告公司内部的文案检测表

此表格或条例虽属广告公司的内部测试，但在意义上代表着受众方向。台湾的樊志育先生，曾拟订过广告公司内部文案检测表，其主要内容如下：

(1)是否充分了解商品及其哲学。(2)是否明白竞争商品正在做的是什么广告。(3)是否彻底了解广告商品的分配状况及其销售方法等市场营销情况。(4)在战术方面是使用热烈的调子还是柔和的手法。(5)是否充分了解广告主题。(6)是否考虑了消费者的利益问题。(7)是否考虑了广告目的。(8)标题是否有吸引受众注意的力量。(9)标题是否有引入正文的力量。(10)引人注意的文句是否使受众能够在顷刻之间了解广告信息。(11)引人注意的文句与画面之间有无矛盾。(12)字数是否过多。(13)句逗点是否正确。(14)另起一行是否难念。(15)第一行是否有引起受众关心的力量。(16)是否有加副标题的必要。(17)是否使用直接的现代时态。(18)是否使用受众的语汇。(19)是否简洁、自然、亲切。(20)从头到尾是否流畅。(21)是否有未删除的冗赘的文字。

2.撰写有效的文案检测表

除了按照广告公司的一套问题来进行提问以外，我们还可以通过建立检测表，来进行多人评价，一个完整而有效的文案检测表应表达如下这些内容：

(1)让读者容易看懂——运用简短的句子，使用亲切易懂的字句。

(2)不要浪费文字，说你必须说的——不要填塞文字，也不要太空洞。

如果的确需要 1 000 字，就写 1 000 字，只要没有任何文字是多余无用的。

(3)固守现代时态和主动时态——这样比较有活力。避免使用过去时态和被动时态——这些形式趋于迟缓、拖拉。例外情形应深思熟虑，以达到特殊效果。

(4)对于人称代词或名词不必犹豫。记住：你正试着告诉某个人某些信息，你应当像对朋友说话那样，使用“你”或者“你的”。

(5)不要使用陈词滥调。明快而令人惊讶的文句或片语，会使读者精神大振，继续读下去。

(6)标点符号将阻碍文案的流畅，过多的逗点是主要的致命伤。不要让读者找到任何放弃阅读的借口。

(7)尽可能地运用简略语，这些字较快速引入主题，自然而个人化。

(8)不要自夸或吹嘘。每个人都厌恶无聊的人。应说明那些让你引以为傲的产品特质及能带给消费者的利益，这对读者较有成效。要以读者的立场来撰文，而不是以自己的主观意见为视角，避免使用“我们”或“我们的”。

(9)表达单一的概念，不要试着表达太多想法。如果你贪得无厌，你将一无所得。

(10)多写几种文案。

3.佛莱齐公式

佛莱齐公式是较有代表性的可读性测试公式，其主要内容有：

(1)广告文案中所有语句的平均长度。

(2)广告文案中所用词汇的音节的平均长度。

(3)广告文案中使用的涉及人称的文字占文案中所有文字的百分比。

(4)在 100 字长的广告文案中涉及人称的语句占语句总数的百分比。

(5)通常最容易读的广告文案为每句有 14 个字，每 100 个字有 140 个音节、10 个涉及人称的文字、总计有 43%的涉及人称的语句。

4. 受众访问检测法

受众访问检测法，是受众测试的一种方式，它由面对面的访问形式和间接的文本邮寄访问形式展开。面对面的现场访问，可以在各种年龄、各种层次、各种场合进行，主要视是否是目标受众的情况而定。在测试中，测试方就文案检测表中的一些问题，对受众进行访问，让受众对文案的效果作出评定。这个评定可以是五级评定标准，也可以是其他更细致的标准。

文本邮寄访问形式是指将广告文案以邮寄的方式，邮寄到认定的目标受众的单位或家中，请他们提出相应的意见。这种方法常常是将广告文案和标准的评定条例一起邮寄给目标受众。过一段时间，广告人员通过通信或电话问询的方法了解到受众的评判和修正意见。这种文本邮寄访问方式效果明显，但执行难度较大。

5. 模拟发行检测法

模拟发行检测法，是指在报纸、杂志等平面广告文案的测试中，事先印刷包含被测试文案的特制报纸或杂志，将它分发给报纸或杂志的固定订户，过一段时间之后，通过问卷调查、电话调查或以标准化测试条例测试订户对文案的反应。这种测试方法的测试成本高。

第三节　广告文案写作的分类

对广告文案的写作进行分类是一件比较困难的事情，不同人有不同的分类标准，很难有一个统一的说法。由于个人所取角度以及广告目的等方面的不同，会有很多的分类结果。

一、根据不同的广告目的对广告文案写作进行分类

根据不同的终极目的，广告可以分为商业广告和非商业广告。商业广告是以赢利为主要目的的广告。非商业广告，指的是不以赢利为目的，而是为了说服公众关注某一社会问题、公益事业或者政治问题等内容的广告。根据不同的直接目的，广告可以分为观念广告、产品促销广告和形象广告。观念广告分两种情形：一种指的是通过对某种消费观念和社会观念的传达，在目标受众心目中建立或改变某种观念，借此促进商品销售的商业广告；另一种指的是用观念的建立和改变来向受众传播某种观念和思想的非商业广告。产品促销广告，是指直接向消费者推销产品或服务的广告形式。运用各种途径和方式，对产品的质量、性能、特点、给消费者的方便性等进行诉求，唤起消费者的消费欲望，从而达到广告目的。形象广告，是指并不直接促销产品或服务，而是以建立企业或品牌形象为直接目的的广告。这种广告是一种间接的说服和劝诱，是间接的促销活动。

据此，我们可将广告文案分类为：商业广告文案和非商业广告文案、产品促销广告文案、形象广告文案和观念广告文案，由此我们可将广告文案写作分类为：

(1)商业广告文案写作。即关于商业广告作品中全部的语言文字部分的写作，是为了达到商业性的赢利目的而进行的广告运作中的一部分，它包括产品促销广告文案写作、形象广告文案写作和观念广告文案写作。

(2)非商业广告文案写作。即为了说服公众关注某一社会问题、公益问题或政治问题等而进行的广告文案写作。非商业广告文案的目的不是赢利，是向受众传播某一观念，以改变或消除其可能存在的某种不良观念。

二、根据不同的广告发布媒介对广告文案写作进行分类

(1)印刷媒体广告文案写作。是指为通过印刷媒体传播的广告文案所进行的写作。根据印刷媒体本身的特点,又分为大众印刷媒体广告文案写作和其他的印刷媒体广告文案写作两种类型。

大众印刷媒体广告文案写作包括报纸广告文案写作和杂志广告文案写作两种,且所占分量最多。

其他的印刷媒体广告文案写作包括直邮、招贴、产品介绍手册、企业介绍样本、产品样本等文案写作。

(2)电波媒体广告文案写作。是指为通过电波媒体传播的广告文案所进行的写作。在目前的情况下,电波媒体广告文案写作包括广播广告文案写作和电视广告文案写作,二者虽同属于电波媒体但有重要区别。广播广告文案写作是以声音作为文案写作的研究对象,电视广告文案写作以声画合一、语言和文字作为双重的研究对象。

(3)户外广告文案写作。是指为通过户外广告媒体(包括霓虹灯、路牌等广告媒体)传播的广告文案所进行的写作。

(4)展示广告文案写作。是指为通过展示媒体传播的广告文案所进行的写作。展示广告媒体主要指的是那些供展览会、交易会等场所使用的看板、展示板等。

(5)销售现场广告文案写作。是指为通过销售现场媒体传播的广告文案所进行的写作。销售现场广告媒体包括商店的装饰、现场展示橱窗、售货柜台等。

(6)网络广告文案写作。是指为在网络上发布的广告文案所进行的写作。在目前阶段,网络广告多为旗帜广告、图标广告及简介体广告等形式。

三、根据不同的信息因素对广告文案写作进行分类

1.企业广告文案写作

(1)企业形象广告文案写作。其直接目的是建立一个被公众所称赞的良好的企业形象。在写作中,以传达企业的正面信息,有效地建树和表现企业的良好形象为主要内容。

(2)企业认知广告文案写作。企业通过广告向受众传达某些基本的信息,其目的是希望受众能够对这些信息有所了解。

(3)企业公关广告文案写作。企业通过广告向外界传达企业自身的某种理念、对社会问题的意见和看法、对公众的关怀,传达企业自身在公众问题上所做的一切努力,建立企业与公众及其相关者之间的和谐关系。

(4)企业事务广告文案写作。以企业的事务性信息作为广告传达的主要内容,包括企业的招聘、迁址、更名等企业日常发生的、须让外界知晓的信息。它是企业事务处理中的一个重要组成部分,同时也是企业塑造自身形象的好机会。

2.产品广告文案写作

(1)消费品与工业品广告文案写作。消费品广告文案的信息主体是产品中的消费品,所面对的广告受众是消费品的消费者。工业品广告文案的信息主体是工业用原料或产品等,其诉求对象一般是生产性或经营性机构和企业的主管人员。

(2)产品处于不同阶段的广告文案写作。a.产品市场导入期广告文案写作。是指为导入期的产品打开市场而进行的写作,其目的是使人们本来一无所知的产品成为目标消费者所熟悉的,并在较短的时间之内产生好感和购买行为的产品,写作时着重于对新信息的表现。b.产品市场成长期广告

文案写作。此类广告侧重于对信息的进一步深化表现，巩固和发展前期广告在消费者心目中所建立的产品形象和产品的利益诉求。同时，又根据产品的发展情况，为潜在的消费者提供新的有效信息，以加深产品在消费者脑海中的印象，进一步提高产品的知名度和好感度，提升产品的市场占有率。c.产品市场成熟期广告文案写作。主要目的是提醒消费者重复消费。因此，在延续前面两个阶段的广告形式和广告特点的基础上，发展广告形式的变化性，以形式的新颖来对受众产生有效的刺激。

3.服务广告文案写作

服务广告所传播的信息主体是服务。因为服务所具有的即时性特征，服务广告文案写作的难点在于：它必须为无形的产品塑造出一个有形的形象来；它要在人们尚未接受真正的服务之前，就进入一种特定的服务氛围之中；它要将一种不能留存的感觉保留下来，并对目标消费者产生一种渗透性的诱惑。

4.公益事务广告文案写作

公共事务广告所传播的信息主体是公共事务。其发布者和前面三种情况均不同，上自国家政府，下至公益组织。这类广告文案写作的内容范围非常广泛，只要是能引起公众注意的社会问题都可以成为它的写作内容。

四、根据广告文案不同的自身结构对广告文案写作进行分类

1.单则广告文案写作

单则广告文案写作的主要特点是，运用一则广告作品的反复表现和重复诉求，来实现一个阶段的广告目的。

2.系列广告文案写作

系列广告由多个单则广告组合而成。一般情况下，我们将由两个以上

单则广告组合起来的广告序列，称为系列广告作品。因此，系列广告文案是两个以上单则广告文案的组合。

五、根据不同的诉求方式对广告文案写作进行分类

1. 感性诉求广告文案写作

感性诉求广告文案写作，是指以感性诉求方式，对受众的情感与情绪因素进行对应性诉求的广告文案写作。这类写作试图通过对受众的情感和情绪系统的作用，使他们产生情感和情绪的正向变化，接受广告信息并产生相应的消费行为。感性诉求方式一般运用于注重情感因素和附加价值、消费情绪化的受众，适用于对日用消费品、化妆品以及时尚或流行的产品类型的文案表现。

2. 理性诉求广告文案写作

理性诉求广告文案写作，是指以理性诉求方式，对受众的理性进行对应性诉求的广告文案写作。这类写作以对企业、产品或服务客观、理性、重于实证的诉求，来说服受众成为产品的消费者。它的写作特点是论据充分、说理明晰，有很强的逻辑性和理性力量。

3. 情理配合广告文案写作

情理配合广告文案写作，是指将感性和理性两种诉求方式有机地结合起来进行表现的广告文案写作。在感性诉求方式与理性诉求方式基础上的文案写作，各有利弊。情理配合广告文案写作的目的是为了排除感性方式在说理性和实证性上的不足、理性方式在情感性和附加价值方面的不足。这种写作能够避开上述两种方式在单一状态中的不足，而将两者的优势结合起来，最大限度地增强广告信息的趣味性和说服力。

思考题：

1. 如何理解广告文案？

2. 广告策略包括哪些内容？它与广告文案写作是什么关系？

3. 广告文案可以从哪些角度来检测？

第二章　广告文案的结构

一篇完整的广告文案，结构要素大体可以分为主标题、副标题、正文、广告口号、醒题、附文等几个部分。虽然广告文案的写作格式并没有一定之规，不必受太多约束，但是对于初学广告文案的入门者来说，如果弄懂了广告文案的基本结构要素，以及这些要素之间的关系，对于熟练操作广告文案写作将具有重要的铺垫作用。

广告标题是广告文案中的精髓，是最引人注目的部分，尤其是主标题，更是吸引消费者眼球最多的部分，副标题则对主标题进行进一步的解释和说明。正文是广告的主体部分，揭示广告的主要内容，或者对广告标题进行更详细的阐释。广告口号一般置于广告的末尾部分，可以把它看作是广告正文的一部分，它是表达企业理念或者产品突出特征的短句，一般在一段时间内维持不变，具有一定的稳定性；它是可以长期使用的，是对某个企业、某种产品或服务特性的最凝练的概括，广告主每在一个媒介上投放一次广告，都要设计一次新的广告文案，标题和正文可能都要修改，但是广告口号却保持不变。标题是对一篇广告文案的统领，而广告口号则是对同一个企业、产品或者服务某段时间内所有广告活动的统领性文字，是对每一个文案标题和正文的统领。广告文案中的附文主要用来交代具体联系事宜，如联系人、通讯地址、电话号码、邮政编码等。醒题则是广告文案中用以鼓动消费者购买的煽动性语句，如数量有限、欲购从速等。

第一节　广告标题

一、广告标题的概念

广告标题是整个广告文案乃至整个广告作品的总题目。广告标题为整个广告提纲挈领，将广告中最重要的、最吸引人的信息进行富于创意性的呈现，以吸引受众对广告的注意力；它昭示广告中信息的类型和最佳利益点，吸引受众继续关注正文。

人们在进行无目的的阅读和收看时，对标题的关注度相当高，特别是在报纸、杂志等选择性、主动性强的媒介上。大卫·奥格威曾说过“读标题的人平均为读正文的人的5倍”，测验报告表明，80％的读者都要先浏览广告标题再看广告正文中的信息。因此，广告文案人员在进行文案表现时，总是将标题的制作作为一个非常重要甚至首要的工作。

二、广告标题的作用

第一，为整个广告提纲挈领，让广告最重要、最吸引人的信息在创意的表现中得到展现，以最醒目的方式对应受众的内在需求，从而引起他们的关注。

第二，在无目的阅读和收看的受众中间，分离出目标消费者。广告标题提出的广告信息中的利益点能成为受众潜在消费欲望的对应物，让他们自觉地对广告内容产生高度关注的心理和好奇心。广告标题一般都直接或间接地提出产品的品牌名或产品的突出利益点。

第三,诱使被分离的目标消费者进一步关注正文。标题在形式和内容上都引导着目标消费者继续关注广告正文的表现。在内容上,提示正文中将表现的信息内容;在形式上,对应受众的好奇、审美和阅读冲动,以诱导目标消费者进一步关注正文。特别是复合标题中的副标题设置,在大标题和正文之间架起了一座桥梁,受众能通过这座桥梁走向正文,得到正文部分的细部诉求。

第四,直接诱发消费者产生购买行为。广告的劝导作用多数是从标题开始的。在广告标题中,有的直接地表现产品品牌的消费者利益,如"现在波多黎各对新工业提供百分之百免税"(波多黎各工业区招商广告)、"再也不用牙齿咬了"(某啤酒);有的直接或间接地对受众发出消费劝导和呼唤:"肉,使得你所需要的蛋白质成为一种乐趣"(美国肉类协会);有的用煽动性的口吻来号召购买行动:"看足球,喝可口可乐。"(可口可乐)这样的广告标题,使广告受众甚至不用再去看正文就已经被利益点、劝导和呼唤所吸引,直接诱发他们产生消费行为。

三、广告标题的类别

以广告标题是否直接地表现广告信息为分类标准,可将之分成直接标题、间接标题、复合标题三种结构类型。这种分类方法以顾执编著的《广告文案技法》为代表,该书这样界定三种标题结构类型:直接标题是直接将所要宣传的事物或情况表达出来,让人一眼就明白广告究竟要说什么。间接标题不直接揭示广告主题,而是间接宣传产品功能和特点,常采用暗示或诱导的手法,引导消费者进一步注意广告产品的功能和特点,注意广告的其他信息。复合标题是采取直接标题和间接标题混合运用的形式,特点是兼取直接标题与间接标题两者之长，并将其融为一体。这种分类的标准和方法，更倾向于表达的方式而非标题的结构、构架。

我们还可以根据广告标题句式结构的不同将之分成单词组、多词组、单句、多句、复合五种标题的结构类型，而复合结构类型又可分成三种表现结构：引题＋正题＋副题、引题＋正题、正题＋副题。这种分类标准和分类类型的形成，是基于句子结构本身的分类。

四、广告标题的结构

1. 单词组结构标题

单词组结构标题，是指标题本身不是一个完整的句子，而只是由一个词组所构成的标题。这种结构类型的广告标题：有的只用品牌的名称来做标题；有的用一些成语或单个词组来描绘产品的特征，如“丝丝入扣”（皮尔·卡丹西服系列）、“栩栩如生”（柯达软片）；有的用重叠词体现一种发展着的情绪或走向，如“愈想愈怕，愈离愈远”（台湾新光保险）、“愈抽愈短”（台湾国泰人寿）。

2. 多词组结构标题

多词组结构标题，是指标题由多个词组组合而成。这多个词组之间呈现着并列、递进或转折等多种关系，如“金光灿烂，优雅迷人”（戴宝乐表）、“当代名表，名家鉴赏”（劳力士手表）。

广告标题运用这多种关系来表现商品或服务的特性或利益点。因为多词组结构的标题一般在音韵上适合于记忆、流传，在结构构成上较为均衡、美观，因此，它在任何产品、任何媒介的广告上都得到了运用。如“心宽体帅，内外皆美”（裕隆汽车）；“直飞欧洲，畅行无阻”（国泰航空）；“系出名门，新潮品味”（丹麦司迪麦口香糖）。

3. 单句式结构标题

单句式结构标题，是指以一个独立完整的句子结构形成的广告标题。这是在广告中用得最多的标题结构形式，因为这种形式可以运用多种诉求方式对受众进行简洁、明了的诉求。如“穿着 LACOSTE 的总统先生”（鳄鱼牌服装）；“无限延伸您的视野”（捷安特汽车）；“谁说我跑不过乌龟”（白兔奶糖）。

单句式结构标题一般多采用陈述句形式，但在具体表现时，可以作创意性搭配。如在主谓搭配、谓宾搭配的基本构架基础上，可以运用前缀或后缀性的句式表现，如：“爸爸也有孤单的时候”（新力牌电器）；“拥有 PROTON 是一种无可取代的感觉”（PROTON）。

4. 多句式结构标题

多句式结构标题，是指由两个或两个以上的句子形成一种内在逻辑关系，而这种内在的逻辑关系和排列又不属于复合结构的标题形式。在这种标题形式中，各个句子之间的关系可以有多种可能，如两个句子之间处于并列、递进或转折的状态：

代表身份和地位，象征成功与荣誉（羚羊牌网球拍）

爸爸有了另一个，连妈妈都不吃醋（艾德蒙电器）

这种句式一般在字数和音韵上都一一对应，大多为对仗、对联等形式；另一种是运用前缀的句式，表现商品的利益和特点：“有了它，小猫不会寂寞”（艾德蒙电器）、“世界杯热潮中，有一张时刻受人欢迎的黄牌”（立顿黄牌袋泡茶）；还有的采用短句，表现递进的走向：“身段小，震撼力十足，大自然的音乐大师”（新力牌小巨人音响）；有的甚至可以演绎一个情节，包容一段历史：“独领风骚一百年，黛安芬的一百年，是一百年的魅力史”（黛安芬）。

5. 复合结构标题

复合结构标题，是指由多个单标题形成、相互之间具有某种内在的逻辑关系、在排列上呈先后次序的标题。

复合结构的标题形式能够对受众进行多重层次的、符合受众各种接受心态的诉求，它由引题、正题、副题三个单句子结构构成。引题，又称肩题、眉题或上辅题，它的位置在正题之前，一般用于交代广告信息的背景或原因，在文字上一般要少于正题和副题。正题，是复合标题的中心，在位置上也居于中心位置，它传达广告信息中最主要或最关键的内容。副题，在位置上居于正题之后，一般是对正题做有效补充，具有明晰的分类和信息指向性，是标题和正文之间的桥梁。

在具体的操作中，复合结构标题可以有三种表现结构：引题＋正题＋副题、引题＋正题、正题＋副题。

(1)引题＋正题＋副题。

这是复合结构标题中最完整的标题形式。它由三个单句构成，相互之间形成一种背景交代、主题诉求、指向性补充的内在关系。此种标题结构的完整性，使得广告文案在标题中就能较完整地将广告信息表现出来。一方面，可以使无目的阅读和接收的受众在标题的浏览中就能大致了解广告的信息指向；另一方面，也由副标题搭建了标题和正文之间的桥梁。如：

万科城市花园告诉您——

不要把所有的蛋都放在同一个篮子里

购买富有增值潜力的物业，您明智而深远的选择。

(2)正题＋副题。

这是复合结构标题中最常见的标题形式，一般是在正题直接表现广告信息，而副题的作用则是将受众的视线从标题转向正文。如：

冬雪寒梅入暖房

选挂迪卡壁画，炉边看雪，画上吟梅，何乐而不为？

(3)引题＋正题。

引题为正题的广告信息的表现做铺垫，提供一个特定的背景。如：

哇——他们为什么要惊呼？

全新64位数据库服务器！——DEC电脑中国公司

五、广告标题的写作原则

1.奥格威标题创作的十个原则

大卫·奥格威提出了关于标题创作的一整套完整的思想和原则体系，在他的《一个广告人的自白》"怎样写有效力的广告文案"一章中谈到他所遵循的广告标题写作的十大原则①：

（1）标题好比商品的价码、标签，用它来向你的潜在买主打招呼。若你卖的是彩色电视机，那么在标题里就要用"彩色电视机"的字样。这就可以吸引希望买彩色电视机的消费者的目光。你若想让做母亲的消费者读你的广告，那么你的标题里要用"母亲"这个字眼。不要在你的标题里使用那种有可能会排斥你的潜在顾客的话语。

（2）每个标题都应带出产品为潜在买主自身利益作出的承诺。

（3）始终注意在标题中加进新的信息。因为消费者总是在寻找新产品、老产品的新用法，或者老产品的改进之处。

（4）其他会产生良好效果的字眼是：如何、突然、当今、就在此地、最新到货、重大发展、改进、惊人、轰动一时、了不起、划时代、令人叹为观止、奇迹、魔力、奉献、快捷、简易、需求、挑战、奉劝、实情、比较、廉价、从速、最后机会等等。在标题中加进一些充满感情的字，就可以起到加强传播效果的作用。

（5）读广告标题者是读广告正文者的5倍。因此，至少应该告诉这些浏览者，广告宣传的是什么品牌。在标题中总会写进品牌名称的原因就在于此。

---

① 奥格威.一个广告人的自白[M].林桦，译.北京：中信出版社，2008.

(6)在标题中写进你的销售承诺。

(7)在标题结尾前你应该写点吸引人继续读下去的东西。

(8)你的标题必须以电报式文体讲清你要讲的东西,文字要简洁、直截了当。不要和读者捉迷藏。

(9)调查表明,在标题中写否定词是很危险的。

(10)避免使用有字无实的瞎标题。

在十条广告标题写作原则中,大卫·奥格威对广告标题的写作内容、常用词汇、写作形式等方面进行了界定。文案人员可以将之作为一个重要的参照体系,对广告标题的写作进行规范。但是,大卫·奥格威的广告标题写作原则,只是从他写作的当时的语言环境和受众环境出发所得出的结论。因此:

第一,在广告标题的写作中,可参考他的十大原则但不能一味照搬。因为我们的广告文案写作基本上使用的是汉语,在汉语言的特殊传播体系和传播环境中,如何运用汉语语言风格进行有针对性的写作,才是重要问题。

第二,大卫·奥格威所提出的十大原则是他自身在实际操作的基础上得出的结论,代表他的广告观念,但随着广告的发展,其中的有些原则还是值得斟酌的。如十大原则中的第1、5、9、10条,就有威廉·伯恩巴克等广告人提出过不同的看法,而在具体的写作中,反其道而行、居然大获成功的例子也比比皆是。因此,要以变动的、发展的、有针对性的眼光来观照大卫·奥格威的广告标题写作原则。

2.标题创作的原则

(1)体现广告主题。

“看报看题”,看广告也如是。大多数受众在无意识的阅读中,总是先看标题再决定是否阅读正文。在受众的阅读习惯面前,广告标题的写作要做两手准备,在尽量运用标题的魅力将广告受众的兴趣和视线转向广告正文的同时，也要考虑到由于各种不同因素造成的受众不阅读正文的现象。因此，写作时，要尽量体现广告主题，使得读者能在标题中对广告的信息主题有所了解，在匆匆一览之中，就能知道广告最主要的内容、最主要的利益承诺和整个广告表现的主题因素。

(2)表现消费者利益。

标题既要表现消费者心目中的商品消费利益，又要表现商品能给予消费者的利益承诺。如“35 岁以上的妇女如何才能显得更年轻”(某荷尔蒙霜广告标题)、“我们已突破了世界语言的障碍”(荷兰电信广告标题)，表现了消费者对商品的消费期待和商品消费利益点，对应了消费者的消费心态，体现了商品满足消费的有效性。

在标题中表现消费者的利益，可以使广告抓住消费者的消费渴望和消费理想，诱使他们产生浓厚的兴趣，使目标消费者能对广告中的信息产生了解的渴望，继续自觉地阅读广告下文。

(3)诱发受众好奇心。

广告标题写作的一个重要原则，就是要诱发受众的好奇心理，使得他们在好奇心的驱使下，对广告产生追根究底的欲望。

诱发好奇有两种途径：一是在利益点上的引发好奇；二是利用表现形式上的创意引发好奇。如用新闻式引发好奇：“‘舒味思’的人来到此地”(舒味思奎宁柠檬水，大卫·奥格威创作)；用反向诉求引发好奇：“长大了，我要当客户”(台湾南洋实业公司)；用设问的形式表现好奇：“总督牌给你而别的滤嘴不能够给你的是什么”(总督牌香烟)。

(4)简洁明快的表现形式。

为了让受众一看便知，广告标题的表现形式就要简洁、明快。所以，广告标题一般不用长句子，因为长句子表现的内涵太多，且关联词会导致过分书面化，使受众因怕累而自动放弃阅读。简洁明快的句式多用单句，如“哪儿有生活，哪儿就有希望”(《生活》杂志)；“最早飞越太平洋，最早飞越大西洋，最早飞越南美洲”（泛美航空）；“这里不创造产品，但创造产品的灵魂”（某广告公司）。

六、标题的表现形式

1. 新闻式

采用新闻式标题，是为了增强广告的新奇性和可信性，把广告信息作新闻式处理。采用新闻式标题的先决条件是，广告信息本身必须具有新闻价值，必须是真实的、新的事物和事件。常用词汇有：新、最新、发现、推出、首次、目前、现在、消息等。

奥格威创作的很多广告标题都贯彻了所谓“新”的信息的观点，如他为劳斯莱斯汽车撰写的广告，其标题为“这辆劳斯莱斯汽车在时速 60 英里时，唯一的噪音来自于电子钟的声音”，这里面虽然没有新字，但是它展示的是最新的有关劳斯莱斯汽车的信息。另外，他为舒味思柠檬水创作的平面广告，标题取名为“‘舒味思’的人来到这里”，在这个广告标题里也没有新字，但是，这个表示某个事件的标题却可以让人产生无限的遐想：这个人是谁？他来这里干什么？他来到这里跟我们有什么关系吗？一个充满疑问的新闻标题，引起了消费者无限的思考和好奇。

“现在波多黎各对新工业提供百分之百的免税”，这是奥格威为波多黎各政府撰写的招商广告，“现在”这个词明确地表明了它的新闻性，“百分之百”等又是非常确切的消息。另外，“纽约正在吃光它”是波恩巴克为莱维斯麦片做的广告，这个标题也具有很强的新闻性。广告画面从上到下排列着三片被吃得越来越小的面包，标题就覆盖在面包上。这个标题充分体现了波恩巴克关于广告要具有冲击力的主张，简洁有力，超乎想象。

2. 问答式

问答式标题使用得最广泛。它是一种通过提问和回答的方式来吸引受众注意力的表现形式。它的常用词汇和句式是：难道……？它是……？谁不愿？谁能？怎么样？为什么？怎能？等等。具体表现有两类：设问式和反问式。设问式一般又呈现出两种情形，或在标题中设问，在正文中回答；或在标题中自问自答。

20世纪五六十年代知名美国广告人罗斯·瑞夫斯曾经创立了著名的USP理论，并以此为总督牌香烟撰写了平面广告，标题为："总督牌给你而别的滤嘴不能够给你的是什么？"这个疑问式的标题恰恰配合了诉求重点，直接提问，而且在提问中直接包含了产品的重要信息。天柏岚户外产品中有一款野外休闲鞋，这款鞋做工考究，非常用心，工艺精湛。在进行广告宣传时创意人员选择了对其制造工艺进行诉求，其标题就是非常具有趣味性的疑问形式："鞋上有342个洞，为什么还能防水？"这个标题激起了诉求对象强烈的好奇心，从而吸引消费者看下去。

3.悬念式

悬念式标题是指在标题中设立一个悬念，迎合受众追根究底的心理特征，以吸引受众的特别注意。它经常和问答式标题配合运用，用提出问题的方式来制造悬念。当然，悬念和设问有所不同。设问的结果一般是受众可以预料的，而悬念一般是受众不能预料的，甚至是完全与受众的认知倾向、心理期待相反的事实。

伯恩巴克为奥尔巴克百货公司创作了大量的平面广告，在"做千百万的生意，赚几分钱的利润"这一个广告口号的统摄下，伯恩巴克创作了诸如"我寻出了琼的秘密""带你的妻子来，只要五分钟，我们将还给你一个新的妻子"这样的带有强烈悬念的广告标题。通过正文的陈述，我们知道"琼"是"我"的朋友，她没有钱，她的丈夫也是穷光蛋，但是她却穿得光鲜亮丽，原来她是刚从奥尔巴克百货公司里出来，而那里的东西非常便宜。后一个广告也是如此，因为物品便宜，所以你买得起，可以重新打扮你的妻子，只要很短的时间，你仿佛换了一个妻子。

天柏岚另外一篇诉求精湛的户外休闲鞋制作工艺的广告也同样采用了悬念式的广告标题撰写手法，这则广告这样写道："我们偷了他们的土地、他们的牲畜、他们的女人，然后又去偷了他们的鞋。"在这个标题下，是一张印第安人的照片和一双鞋。排比的句式，更加增加了悬念的效果。

4. 故事式

故事式标题也叫叙事式标题或情节式标题，类似于一则故事的题目，在标题中提示或暗示故事的发生和情节的展开。主要特点是能吸引受众阅读正文。

"这辆车里的CFO不必加班到深夜"，这是IBM的一篇平面广告标题。IBM针对企业财务人员推出了新的软件服务项目，这些项目有效地降低了财务人员的工作量，提高了工作效率。在进行广告推广宣传中，平面广告巧妙地观察了财务人员的工作状态和生活，以故事性的标题诉求IBM财务软件能有效提高工作效率的消费者利益。

广告大师乔治·戈里宾为箭牌衬衫创作过一则典型的故事性广告，广告的标题叫作"我的朋友乔·霍姆斯他现在是一匹马了"。故事式的标题讲述了一个人变成马的故事。他变成马的原因，正是因为他没有穿永远都不缩水的箭牌衬衫，结果被勒死了。商业联合保险公司有过一套系列广告，广告分别讲述了高尔夫俱乐部遭到羊群破坏、餐馆储藏室存放5000瓶果酱的架子倒塌、一位厨师的假发被火烧着的故事。标题分别是：主标题"我们刚把一头牛赶走，另外四头就出现在沙坑边"（画面是一头耀武扬威的牛），副标题是"商联很快就明白这不仅仅是更换几块草坪的事"；主标题"第一瓶果酱爆炸时，我正准备威尔士干酪和腌菜面包卷"（画面为一个浑身溅满果酱、满脸无可奈何的男人），副标题是"当商联的人来的时候，这里的果酱仍在流淌"；主标题"我弯下身来点燃气炉时，我的假发就掉下来了"（画面为一个头部特写，光光的头皮上只有一绺头发，而且还在冒烟），副标题是"没有商联，我会被一顶帽子粘上好几个星期"。这些广告文案的标题把故事性的手法用到了极致。画面形象和故事性的标题生动有趣,强烈吸引着人们去看这些无妄之灾到底如何降临,又如何解决。

5.假设式

在广告标题中得出某种假设,同时据此得出某种结果。主要特点是为了运用假设引起受众的注意,并督促他们产生相关的思考和行为。获得1994年第21届日本海外广告奖报纸广告奖金奖的台湾松下电器国际牌“省思篇”系列,就是运用了假设式的标题写作形式:

如果有一天,你聆听的只剩下这样的音符;如果有一天,水中的世界不再有鱼类生存;如果有一天,地球只剩下这样的植物。

以环保作为广告表现主题来表现国际牌随身听、国际牌画王电视机、国际牌水果榨汁机的产品优势。

6.解题式

围绕企业或商品的品牌名称或产品名称而形成的标题形式,有三种表现:把企业或商品的品牌名称拆开来进行解释;让商品的品牌名称在上下句子中反复出现,使品牌名因位置的变化而产生新的含义和新的内容;用注解的方式来表现广告主题。

解题式标题可以将品牌名称用解题方式进行形象化,加深受众对品牌的记忆,但在运用时要注意不要牵强附会。

2008年招商银行推出了新的信用卡品牌“和”卡,并在大量的广告作品中使用“2008和世界一家”这样的标题,这就是一种很好的解题方式。“和”既对应2008年中国第一次举办奥运会,全世界的眼光都将关注中国这个历史事实,照应了“与世界变成一家”这个主题;“和”又是信用卡的品牌名称,带有美好的联想,从而扩大了品牌的传播范围,并打造了非常良好的品牌形象。

7.祈使式

也叫进言式或建议式,就是用建议或劝导的语言和口吻,向受众提出某种消费建议。主要特点是可以运用情感因素，使广告和消费者之间的距离缩短，又因为告知了原因，使得标题很有说服力和吸引力。常用词汇如请、千万不要、让、应该、无论如何、来吧、试一试等。

“一起动手，共同帮助遏制气候恶化，就这么简单”，这是飞利浦电器的一则平面广告文案的标题。标题采用祈使式的语言方式，向消费者展开号召，同时表明企业自身关注环境变化的理念和良好形象。

“不要告诉我做什么才是对的”，这个命令式的标题以消费者的口吻写出，反映出诉求对象自由不羁的个性，虽然语气强硬，但能迎合年轻消费者的心理。“你必须把吸毒上瘾的人吓得死去活来，即使他就坐在你隔壁的办公室里。”这是美国国家禁毒协会的广告文案。这是对诉求对象说的，虽然是命令的口吻，但不会招来反感，因为它顺应反对毒品的普遍观念，鼓励人们坚定反对毒品的决心。

8. 赞美式

也叫炫耀式、夸耀式，就是在标题中直接地赞美、夸耀甚至炫耀广告中企业、商品、服务的特征、功能。写作特点是能在直接的赞美中让受众直接地明白广告中信息的优胜之处。这种标题对分寸掌握的要求相对较高，如果出现自我陶醉、自我炫耀、夸耀无度而不真实的情况，会让受众产生逆反心理。

一个楼盘的广告文案这样写道：“献给创造时代的英雄。”一句话将赞美之情表现得淋漓尽致。

9. 口号式

用简洁而富有号召力的口号形成的广告标题是口号式标题。因为经常用格言形式来表现，也叫格言式广告标题。它大多同广告口号互转。其内容一般都有企业和品牌名称介入其中，在表现企业或商品的品牌特性等方面，比一般的广告标题能起到更好的传诵作用。

运用言简意赅、易记易读的格言形式时，格言所具有的令人咀嚼的含义使其产品具有特殊意味。

10.否定式

在汉语语言环境中，否定词和否定句式的运用，可在一般陈述的前提下进一步加强语气，使语言获得一种张力，体现出传播者的坚定和自信。这类标题故意违背常规，对产品、服务或广告本身持否定的态度，然后再在标题或正文中交代合理、可信但出人意料的理由。因为违背常规，所以否定式广告更能引起诉求对象的注意，吸引他们继续探究。这种形式有一定的风险，运用不当可能会适得其反，应在非常有把握的前提下使用。

路虎汽车曾经做过两则广告，其标题是“请勿相信此广告(正文:若阁下未曾到天祥汽车试练，一切亦不足信)”，“艳照往往骗人，请试实物”。标题采用否定式的反向说辞，一下子引起了消费者的注意。

云斯顿香烟的地铁车厢广告也使用了否定式的标题样式:“不许我们向你介绍云斯顿香烟，那么说点别的来消磨时间。”各个国家和地区对于香烟广告的限制众所周知，广告主一般都尽力避而不谈香烟，云斯顿香烟坦诚地说出来，引起读者的好奇心。在这则广告的正文里，云斯顿丝毫没有提产品，而是跟顾客聊了很多无聊的闲话:“看看你旁边的人，猜猜他是干什么的。”这则广告虽然没有讲多少产品的具体信息，但是却给人留下了云斯顿香烟幽默风趣的印象，广告目的也就达到了。

11.类别式

类别式标题寻求诉求对象司空见惯的事物，与广告诉求重点做贴切、生动的类别划分。如“密好过疏”“受人欢迎的黄牌”采用的都是类别的方法。英国有一家家庭咨询机构，做过一个简单的广告，画面是长发女性一只耳朵的特写，文案只有一句标题，被安排在画面中间，这个标题是:“一天 24 小时都开着。”保时捷汽车广告文案的标题也很精彩:“它就像孩子，你还没有就不会理解拥有的感觉。”标题将汽车同孩子做类比，很符合一部分人对于汽车的心理。台湾地区一则保护环境的公益广告这么写标题：“塑胶品是木乃伊，埋在土里几千年也不会腐化分解。”广告的画面是裹着裹尸布的塑料瓶，这样把塑胶品同木乃伊做对比，无形之中给人以恐惧的震撼。还有的广告画面将水龙头安在杀虫剂的瓶口上，标题则是：“我们今天用的农药杀虫剂，可能明天就会流到家里来。”

沃尔沃的一款越野车平面广告的标题是：“就像你恨他一样驾驶它”，标题以卓越性能为诉求重点，画面中只有一部满身泥浆的越野车。与恨这种强烈的情感对比同时反映了车的卓越性能、坚韧风格和诉求对象的不羁个性。

第二节　正文

一、正文的概念

正文是广告文案的主体部分，一般情况下，大部分的广告信息都是由正文来传达的。高志宏等著的《广告文案写作》中认为，正文是广告作品中承接标题，展开说明广告信息，对诉求对象进行深入说服的语言或文字内容。

正文是广告的主体，但也容易为诉求对象所忽略。随着现代广告创作与文案写作的发展，有的广告文案中甚至只有标题，没有正文的内容，所以很多人认为广告正文无关紧要，对诉求对象也并不看重。其实不然，广告要在纷繁复杂的信息轰炸中引起消费者的持续注意，并进而让其产生购买行为，广告正文在其中的作用尤其重要。

二、正文的职责

1. 支持标题

广告正文承接标题的话题进行展开，并且以较大篇幅的内容给予标题的承诺以有力的支撑。

2. 完整传达信息，进行深度诉求

正文要传达完整的广告信息，并且进行必要的解释。广告的理性说服或者感性沟通主要是在正文中展开的。

3. 培养购买欲望，号召行动

在广告文案中标题侧重于引起诉求对象的注意和兴趣，正文则更进一层，通过具体的信息和所采用的说服手段，在企业和品牌形象广告中培养诉求对象的信任感，在产品广告中激发诉求对象的购买欲望，并号召诉求对象采取购买行为。下面以大众汽车广告文案为例进行说明。

标题：1.02 美元 1 磅

正文：一辆崭新的大众轿车值 1595 美元。

并不是像你听说的那么便宜。如果磅数相等，一辆大众轿车的价格可能超过你能说出的任何牌子的汽车。实际上，如果你观察大众轿车的内部，你就不会对这样的价格感到意外了。（开头的两句话完全承接标题对价格的奇特计算方法。）

并没有多少汽车像大众这样在自己的内部装很多东西（注：意指在内部花很多功夫）。（开始解释原因，展开对汽车品质的诉求。）

光是手工就很明显。大众的引擎是手工装配起来的。一个零件接一个零件。

每一台引擎都要测试两次，一次在它还是一台引擎时，另一次在它成为整车的一部分后。一辆大众要涂四遍油漆，每次涂油漆之间都要用手持砂纸将表面磨光。甚至车顶材料也是手工填装的。你不会在任何地方发现一个裂口、一道凹陷或一团胶水糊。因为如果必要，大众会为一个小小的细节而拒绝让整部车出厂。因此当你以磅计算大众轿车时，你就会知道它为什么如此之贵。这是值得考虑的事情。（开始行动号召）尤其是在你因为它的价格还不够高而还没买它时。

4. 展现风格，营造氛围

每一个广告创意都要具备特定的风格和氛围，标题可以奠定广告风格的基调，而风格的完整呈现和氛围的营造，主要通过正文来完成。如台湾地区中兴百货的夏装广告文案标题是：住在每个女人体内的叛逆少女。正文则写道："在春天打翻了一条小溪。夏天，她转动一下灵魂的位置，买了5件新衣打扮自己，然后，向某男子微笑宣告：好久不见了，我们和好吧……SUNRISE中兴百货少女装特卖，献给您体内永远的少女。"广告正文完整体现清新、纯真的风格，这种风格同"中兴百货"的品牌意义和风格息息相关。

三、正文的内容

广告的任务各种各样，比如帮助企业或品牌建立消费者的认知和好感、销售具体产品或服务、宣传一项促销活动。广告主与广告产品不同，广告的具体内容也会千变万化，但正文的内容大致有如下三项。

1. 诉求重点

诉求重点是广告的核心信息，也是正文最基本的内容。在企业形象广告中，诉求重点常是企业的优势或业绩；在品牌形象广告中，诉求重点集中于品牌特性；在产品广告中，诉求重点集中于产品或服务的特性和对消费者的利益承诺；在促销广告中，诉求重点是更具体的优惠、赠品等信息。

2. 诉求重点的支持点或深入理解

为了使诉求重点更容易理解、更令人信服，正文需要提供更丰富的信息作为佐证，或者对诉求重点进行解释。在形象广告中，诉求重点需要历史、长期经验、消费者认同、以往业绩等作为佐证；在产品广告中，利益承诺需要以产品特性为支持点；在促销广告中，优惠、赠品之类的诉求需要更具体的描述以增加吸引力。如果广告目的不在于传达具体信息而在于情感沟通，情感性的内容也需要深入展开，以增加感染力。下面这则著名的广告正文则是情感性内容沟通的经典案例。这是美国旅行者保险公司的一则广告文案，其正文是：

当我28岁时，我认为今生今世我很可能不会结婚了。我的个子太高，双手及两条腿的不对称常常妨碍了我。衣服穿在我身上，也从来没有像穿到别的女郎身上那样好看。似乎绝不可能有一位护花使者会骑着他的白马来把我带去。

可是终于有一个男人陪伴我了。爱维并不是你在16岁时所梦想的那种练达世故的情人，而是一位羞怯并拙笨的人，也会手足无措。

他看上了我不自知的优点，我才开始感觉到不虚此生。事实上我俩当时都是如此。很快地，我们互相融洽无间，我们如果不在一起就有怅然若失的感觉。所以我们认为这可能就是小说上所写的那类爱情故事，之后我们就结婚了。

那是在四月中的一天，苹果树的花盛开着，大地一片芬芳。那是近三十年前的事了，自从那一天之后，几乎每天都如此不变。

我不能相信已经过了这么多岁月，岁月载着爱维和我安静地度过，就像驾着独木舟行驶在平静的河中，你感觉不到舟之移动。我们从未去过欧洲，甚至还没去过加州。我认为我们并不需要去，因为家对我们已经够大了。

我希望我们能生几个孩子，但是我们未能达成愿望。我很像《圣经》中的撒拉(Sarah)，只是上帝并未赏赐我以奇迹。也许上帝认为我有爱维莱特就已经够了。

唉！爱维在两年前的四月中故去。安静地，含着微笑，就和他生前一样。苹果树的花仍在盛开，大地仍然充满了甜蜜的气息。而我则黯然若失，欲哭无泪。当我弟弟来帮助我料理爱维的后事时，我发觉他是那么体贴关心我，就和他往常的所作所为一样。虽然在银行中并没有给我存很多钱，但有一张照顾我余生全部生活费用的保险单。

对诚心相爱的男人过世之后的女人而言，我实在是和别的女人一样心满意足了。

广告上有一幅女人的照片，她看上去有60多岁，站在走廊上平静地仰望着月光，似乎在追忆着一段往事……

整个广告文案就是由这个老妇人娓娓道出的一个故事。故事并没有曲折离奇的情节，却引人入胜，似乎有一种力量吸引着读者去看完最后一个字。正如这则广告的作者乔治・葛里宾所说，一个广告的成功与否在于“这个标题是否使你想去读文案的第一句话，而文案的第一句话是否能使你去读第二句话，并且使你看完整个文案。一定要做到使读者看完广告的最后一个字以后再去睡觉”。这一保险广告的成功也在于此。

广告一下子就把读者引入了一个平凡而动人的故事中。这是一个极其普通而完满的婚姻故事。整个故事在诉说着一个女人对自己婚姻生活的满足，一个女人对已故丈夫的感激与眷恋之情，以及一个丈夫对妻子的体贴与关爱，这份体贴既表现在平时的温存与爱意上，更体现在一张照顾妻子余生全部生活费用的保险单上。

文案并没有多少美丽动听的词汇和情节，但在平淡中显得真实，人们正是从这些朴实而平凡的故事情节中，感受到了爱的力量，也增加了故事的可信度。整个故事充满了温馨与爱意，具有很强的感染力。整个文案一直都在叙述着一个故事，而没有一丝广告味。即使在最后推出所宣传的企业时，也是恰到好处、水到渠成，没有一点人为的痕迹。这样，人们在接受这个故事的同时，也接受了广告的宣传，对美国旅行者保险公司留下了难忘的记忆。

3.行动号召

如果广告的目的不是树立形象而是直接促进销售，正文还要明确地号召购买、号召使用、号召参与，并说明获得商品或服务的方法。如下面这则新疆金中华通讯公司广告文案：

标题：都怪话费太便宜

正文：自即日起，凡购买新疆金中华通讯公司推出的“智能CDMA金中华卡”，市话费打进、打出仅为0.1元/分钟，月租费15元/日。

四、正文的写作原则

广告文案正文的写作要注意信息处理和语言表达两个方面的要素。

在信息处理方面，正文掌握了商品最多的信息内容，但这些信息不是杂乱无章的，它要满足这几个方面的要求：

第一，正文信息要能够支持标题。广告标题是文案的眼睛，正文信息的展开一定要能够同信息标题对应，让消费者从头至尾了解统一的信息。

第二，正文内容要突出重要信息。广告的诉求重点是文案写作中最重要的内容，无论理性感性还是情理融合，也不论是幽默的手法还是讲故事的方式，广告的诉求重点都是最重要的信息。

第三，在醒目位置明确提及品牌名称和主要的消费利益，在正文中做必要的重复以加深印象。

第四，产品广告中不时写进消费号召，通过消费号召让消费者情绪高涨，产生购买的冲动和行为。

第五，所有内容以合理的逻辑有序展开，信息量大时做到条理清楚，尤其是长文案的写作，最好有一个逻辑关系合理、条理清楚的提纲。

广告文案的正文是以语言文字为主要媒介形式的，所以在语言表达方面，文案正文应该尽力满足如下要求：

第一，文案正文的语言要符合媒介的传播特点，电视媒介是以声音的形式传播语言的，所以基本上属于口语的语体样式，而平面媒体不存在声音的问题，所以语言写作多是书面语的。

第二，格式简练、紧凑。格式松散的正文不便于读者阅读。

第三，简明易懂。广告文案无论长短如何，都应该简单明确，消费者每天要接受大量的广告信息，不可能有那么大的耐心去认真阅读完所有的广告信息，所以文案不能过分深奥和含蓄。

第四，用词简单、明白、准确。在广告文案的正文里，应该避免使用专业术语、新词新语以及一些含义深刻的词语，另外，一些生僻词语、外来词语等都应该尽量避免使用。

第五，句子构建以简单为原则。在文案的正文中，应该尽量避免使用长句子、关系过于复杂的句子、修饰语较长的句子，抑或是倒装句、省略句。

美国广告大师大卫·奥格威在谈到广告文案正文的写作原则时提到，正文的写作要在如下九个方面多加注意：(1)广告正文要直截了当地用准确的语言来写作；(2)正文不要用最高级的形容词、一般化字眼和陈词滥调，要讲事实且把事实讲得引人入胜；(3)正文要经常运用用户经验谈广告信息；(4)正文要向读者提供有用的咨询或者服务而不仅仅是单纯地讲产品本身；(5)文学派的广告无聊；(6)避免唱高调；(7)用消费者的通俗语言写作文案；(8)不要贪图写作获奖广告文案；(9)衡量优秀广告文案人员的标准是看他们用多少新产品在市场上腾飞而不是用文字娱乐读者。

对于奥格威的这些广告正文的写作原则，我们应该用发展的眼光来看待，并非所有的理论至今仍然合时宜，比如奥格威认为文学派的广告很无聊，实际上，在世界广告发展史上，有大量的文学色彩浓郁的广告正文在帮助品牌树立起鲜明的品牌形象方面起了独特的作用。在凯迪拉克的广告文案“出人头地的代价”中，正文如下：

在人类活动的每一个领域，得了第一的人必须长期生活在世人公正无私的裁判之中。无论一个人还是一种产品，当他被授予了先进称号后，赶超和嫉妒便会接踵而来。

在艺术界、文学界、音乐界和工业界，酬劳与惩罚总是一样的。报酬就是得到公认，而惩罚则是遭到反对和疯狂的诋毁。当一个人的工作得到世人的一致公认时，他也就成了个别人嫉妒的目标。假如他的工作很平庸，就没有什么人去理会他；假如他有了杰作，就会有人喋喋不休地议论他；嫉妒不会伸出带叉的舌头去诽谤一个只有平庸之才的画家。无论是写作、画画，还是演戏、唱歌或从事制造业，只要你的作品没有打上杰作的印记，就不会有人力图赶超你、诽谤你。在一次重大成果或一部佳作已完成后的很长一段时间里，失望和嫉妒的人仍会继续叫喊："那是不可能的。"

在外界人早将惠斯勒称颂为最伟大的艺术大师之时，艺术领域仍然流言纷纷，将他说成是江湖骗子；当人们成群结队地到音乐殿堂向瓦格纳顶礼膜拜时，一小撮被他废黜或顶替的人却气势汹汹地叫嚷："他根本就不是音乐家"；当众人涌向河边观看轮船航行之时，少数人仍坚持说富尔顿绝不可能制造出轮船。杰出的人物遭到非议，就因为他是杰出者，你要力图赶上他，只能再次证明他是出色的；由于未能赶上或超过他，那些人就没法贬低和损害他，只能又一次证实他努力想取代的事物的优越性。

这一切都没有什么新鲜的，如同世界和人类的感情——嫉妒、恐惧、贪婪、野心以及赶超的欲望一样，历来就是如此，一切都徒劳无益。如果杰出人物确实有其先进之处，他终究是一个杰出者。杰出的诗人、著名的画家、优秀的工作者，每个人都遭到攻击，但每个人最终都会拥有荣誉。不论反对的叫喊声多响，美好的或伟大的，总会流传于世，该存在的总是存在的。

这篇凯迪拉克汽车的广告文案作于20世纪60年代中期，讲述的是一种人类的普遍意识和遭遇，已经不仅仅是一则广告，而是达到了一定的思想深度，值得我们去认真领会它的现实意义。这种文学色彩浓郁的广告正文树立起了卡迪拉克汽车行业领先者的自我形象和定位。

五、正文的诉求方式

在广告文案正文的撰写过程中，存在理性诉求、感性诉求和情理结合诉求三种基本方式。

1. 理性诉求方式

主要的具体手法包括阐释最重要的事实、解释说明、理性比较、观念说服和恐惧诉求几种。

（1）阐释产品最重要的事实。

一般采用直陈、数据、图标以及类比的方式来实现。

看如下的例子。

标题：唯一能够感知您的脸形并且随之调整的剃须刀

正文：吉列传感剃须刀，适合每个男人特性的剃须刀。

它内含双层刀片，各自与高度灵敏的弹簧相连，能够连续地感觉并根据您脸部的不同曲线和独特需要而自动调整。革新比比皆是。其精致的脊部、匀称的造型足可使您体会至深。简单的装卸系统和方便的剃刮功能皆能任您享用。创新还在于剃刀的清洗，其新型刀片的宽度仅为一般刀片的一半——可用水自由冲涤，毫不费力。

诸多传感技术的融合，给您富有个性的脸频一把特制的剃须刀——最贴切、最顺滑、最安全、最舒适。

男人所能选用的最佳剃须刀！

这是一个典型的直陈的例子，它非常理性地将产品特性和由此产生的功用一一准确阐释，使消费者对这种最贴切、最顺滑、最安全、最舒适的剃须刀产生全面的认知。

再如：

标题：见证历史 把握未来

正文：全新欧米茄碟飞手动上链机械表，备有18K金或不锈钢型号。瑞士生产，始于1848年。对少数人而言，时间不只是分秒的记录，亦是个人成就的佐证。全新欧米茄碟飞手表系列，将传统装饰手表的神韵重新展现，正是显赫成就的象征。碟飞手表于1967年首度面世，其优美典雅的造型与精密科技设计尽显尊贵气派，瞬即成为殿堂级的名表典范。时至今日，全新碟飞系列更把这份经典魅力一再提升。流行的圆形外壳，同时流露古典美态；金属表圈设计简洁、高雅大方，灯光映照下，绽放耀目光芒。在转动机件上，碟飞更显工艺精湛。机芯仅2.5毫米，内里镶有17颗宝石，配上比黄金罕贵20倍的铑金属，价值非凡，经典时计，浑然天成。全新欧米茄碟飞手表系列，价格由八万至二十余万元不等，不仅为您昭示时间，同时见证您的杰出风范。备具纯白金、18K金镶钻石、18K金，及上乘不锈钢款式，并有相配衬的金属或鳄鱼皮表带以供选择。

广告语：欧米茄——卓越的标志

这篇广告文案引用了一些可以使消费者对产品和服务产生更具体的认知的数据，这种翔实的数据比那些空洞和概念化陈述要形象得多，也更能说明问题。除了直接陈述和引用数据外，理性的广告文案还可以通过类比和图表的方式进行理性诉求。

(2)解释说明，提供成因，示范效果，提出和解答疑问。

在产品信息的传达中，广告还可以对产品如何具备这种特性作出详尽说明和直观演示，并示范功能和效果，从而加深诉求对象的理解。

洗衣粉、洗发水、卫生巾、护肤品等产品的广告广泛采用提供成因的理性广告手法。洗衣粉经常诉求改变配方，添加了某种特别的成分，更有助于洗净特别污渍或者特别部位的污渍；洗发水则诉求加入某种特殊成分，使秀发更顺滑和黑亮;卫生巾广告诉求因为产品改变了特别部位的设计,使得更能防止不利的状况出现;护肤品也是因为改变或者添加了某些成分和物质,更有助于保持肌肤的年轻态和活力。

功能示范也是一种有助于直观传达产品信息的重要的理性方式,示范一般可以采用图画演示和文案说明相结合的方式进行,比如对牙膏的坚固效果和美白效果进行示范和证明,一般可以通过实验的方式来进行,其他产品有化妆品、洗发水、洗衣粉甚至药品等。

理性的解释说明的广告文案还可以使用设问的方式来进行撰写,即提出疑问并自己解答疑问,这种方式将诉求对象的关心点有效地引向广告文案的诉求重点。

(3)理性比较。

比较广告在国外很普遍,即通过同竞争对手的比较来凸显本产品的优势,在国外理性比较广告可以直接点名,但在国内不行,对比较广告存在较大的争议,我国《反不正当竞争法》的相关条文提出反对任何形式的侵害竞争对手利益的不正当竞争行为,所以国内的比较性广告大多很含蓄,不会出现竞争对手的名称,比较的对象一般是“市面上的普通产品、一般产品”等。

美国广告史上曾出现过著名的比较广告,美国第二大租车行艾维斯公司,为了更好地同处在第一位的赫兹公司争夺顾客和生意,做了一个比较性的平面广告。在广告中,艾维斯欲扬先抑,甘称第二,同时说明,正因为自己是第二,所以更加努力,更重视客户需求,其文案为:

标题:艾维斯在出租车业仅居第二,但是为什么还要跟我们走呢?

正文:我们更努力。

(当你不是最大时,你就必须如此。)我们就是不能提供肮脏的烟盒,或不满的油箱,或用坏的雨刷,或没有清洗的车子,或没有气的轮胎,或没有调试好的车。加热器永远能发热,除霜器时刻准备着。

很明显,我们如此卖力就是力求最好。为了提供给你一部新车,像一部神气活现、马力十足的福特汽车和一个愉快的微笑。大家都知道这事，也就是说，在那里，你可以得到一个美味的德卢斯五香熏肉三明治。

为什么？

因为我们不能认为你（光临我们）是理所当然的。

下次租我们的车吧。

我们柜台前排队的更少。

另外，还有一篇：

标题：老二主义　艾维斯宣言

正文：我们经营的是汽车租赁，在一位巨人后面，扮演的是二等角色。最重要的是，我们必须学着活下去。

在痛苦和挣扎中，我们也体会到了世界上老大和老二的区别。老大的态度是："别出乱子，别走错棋，便万事大吉。"老二的态度是："做正确的选择，寻找新的出路，加倍努力。"老二主义是艾维斯的信条。它很管用。艾维斯的客户从一位笑容满面的艾维斯小姐那里租来一辆清洁的普利茅斯，雨刷子在刷着，烟灰区干干净净，油箱灌得满满的。艾维斯自身从赤字转为黑字。

艾维斯不会垄断老二主义。人人都可以信奉。

"起来，全世界的老二们！"

艾维斯公司的老二战略引起了巨大的反响，甚至引起了市场份额远高于它的赫兹公司的反应，赫兹公司针对艾维斯的比较广告做了防御性的反应广告，其文案是：

标题：第二名说他们更努力，那要看跟谁比

正文：我们一刻也不想和老二争论

假如他说他更加勤奋努力，

那我们就看他能做到什么。

唯一值得说的是，许多人想当然地认为，

他们比我们更努力。

这不是事实！我们还确信老二会第一个表示赞同，

尤其是借鉴以下各点：

无论你在什么地方，都有我们的身影。（租车的方便性）

不能来我们这儿？那我们就去你那儿。（上门服务）

你喜欢什么款式的车？（各种车的样式）

（4）观念说服。

理性广告诉求方法还能够就某一观念做深入说服，以向诉求对象传达消费观念、产品选题观念、企业的理念或者观点。这种文案需要鲜明地提出观点，并且以充分的事实依据和符合逻辑的因果关系对所提出的观念进行严密的论证性说服。观念说服既可以正面立论也可以反面批驳。

这是太阳神口服液的正面立论式的广告文案，其正文是：

清风习习，吹动色调渐浓的衣裙，谁在说：天凉好个秋。

秋天的气候极不稳定，初秋湿热仍甚；白露之后，雨水渐少，气候干燥，寒热多变。这时，诸多疾病纷至沓来，您会觉得好难适应。

秋季，自然界阳光趋于收敛、闭藏。人体也一样应以收藏、惜精养气、积极进补，来补充盛夏的消耗。

儿子读重点中学，每回考试都是前几名，邻居们都夸他，羡慕我好福气。

其实，我那儿子很刻苦。现在的学生负担太重，他总说吃不好睡不好，记忆力减退。加上秋天来了，有时免不了小病小痛。看到好多同学都在喝太阳神生物健甘菊型，要我给他买几盒，一试，嘿，别说，还真管用。

太阳神生物健口服液"甘菊型"能增食欲、促睡眠、祛疲劳、提精神，增强机体免疫力，对营养性缺铁性贫血、胃及十二指肠溃疡、胃炎及神经衰弱等有显著治疗作用，并能促进病后康复。

款款太阳神 健康的关怀

反面批驳也是广告文案中理性文案的重要方式，为了让消费者接受新的观念，广告文案需要竭力改变消费者原先的旧有观点或者错误观念。如下面的文案：

标题：再怎么工作也死不了人？

副标题：不要心存侥幸，拼命工作，真的会拼掉你的命

正文：据日本统计，死于心脏病者，超过20%是过劳死，而且多半是年轻力壮的上班族。

每天喝白兰氏鸡精，可促进新陈代谢16%，还能松弛压力，跟健康打好关系。

不想在成功前倒下？记得……每天存一点健康。

白兰氏鸡精

标题：做到死也要出人头地？

副标题：这是你的决心，但我们不希望这会是你的下场（正文与上一篇相同）

运用理性诉求方式时应注意如下问题：首先，必须破除这样一种偏见，那就是感性诉求广告效果好却难写，理性诉求广告效果不突出却易写。这种观点无疑是错误的。无论是感性诉求还是理性诉求，只不过是广告具体的说服方式而已，其本身绝无高下优劣之分。其次，在运用理性诉求的广告中，要尽可能客观、准确地传达产品、服务的独特功效，用确凿的数据和铁的事实说话；而且，信息的选择要以能够有力地证明广告诉求重点为标准，力求让消费者信服并采取购买行为。最后，在文案写作中，注意不宜使用奇特、精巧的文学艺术手段，也不宜使用荒诞、惊险等戏剧化的手法，最好运用叙述、论证、说明等平实的表达方式把理由讲深讲透，把广告诉求阐释清楚。

同时,在语言风格上,不宜使用优美、婉约、含蓄的语言,而是使用科学、精确的语言,但要注意避免使用生僻难懂的专业语汇。

2.感性诉求方式

(1)感性诉求方式的特点。

感性诉求方式是通过表现与企业、产品或服务相关的情绪、情感因素来传达信息,以此对目标受众的情绪、情感带来冲击,唤起目标受众的情感认同,进而产生购买产品或接受服务的欲望和行动。其特点体现在:

一是诉求目标直逼消费者的内心世界。可使消费者产生灵魂的触动,产生或唤起某种特殊的情感或良知,从而产生购买行为。

二是富有人情味。文案中叙述的故事,电视画面中的人物、展现的情节,就发生在我们的身边,许多消费者都有切身的体验,所以人情味极浓。

三是渲染气氛。通过优美的语言、生动感人的情节、丰富多彩的画面语言,一起构筑浓烈的气氛,气氛越浓厚、越真切,就越感人。

(2)感性诉求的具体形式。

第一,情感诉求。

人类的情感是最为复杂,又是最为简单的。在广告文案的创意和写作过程中,如果我们很好地利用情感对人类的推动作用,将会为产品和品牌的树立起到良好的作用。情感诉求包括爱情、亲情、友情以及陌生人之间的淡淡的情感等。

爱情是人类最永恒的情感,在文案中,常常可以表现我们对于爱情的观点和看法,比如纯洁、真挚、坚定的爱情带给我们的幸福感、满足感,以及无尽的思念、快乐和忧伤等。乔治·葛里宾为美国旅行者保险公司撰写的那则广告文案就是最好的诉求美好爱情的例子。

以下是某吸尘器的情感诉求广告文案:

主标题:来吧,吸走心里的忧愁吧

副标题：经不起风吹雨打的爱，干脆去得干净

正文：彻夜话别/天已灰白/我跟他一起挑的窗帘/也已褪了色/他说他喜欢的蒙娜丽莎的画/也要拿下它/清算他与我的关系/换一换我的胸臆吧……

东芝灯具的广告这样描绘失去爱情之后的寂寞和惆怅：

他的脚步渐渐远去

背影也慢慢地消失

高挂夜空的月亮

这时横过了阳台

一阵寂寞突然袭来

我只好再把灯光点燃……

摩托罗拉寻呼机则是怀着对大学毕业生的浓浓的关爱和友情来同他们进行沟通的：

标题一：这些日子，我们时刻准备为你欢呼

正文：我们理解寻找工作的毕业生心里的忐忑不安，因为我们明白每一次呼叫都意味着人生路上的一个机会。

标题二：这些日子我们为你日夜守候

正文：我们理解寻找工作的毕业生心里的忐忑不安，因为我们明白每一次呼叫都意味着人生路上的一个机会。

中国电信的一则电报服务的广告则综合运用了亲情、友情的诉求手法：

标题：远方，有一个人已经很失落，可您寄不去一个关心的人……

正文：您的挚友是否不太顺？您的驻外员工是否很辛苦？您的亲人是否需要您的问候？

4月10日起，中国电信在原有礼仪电报庆贺、请柬、吊唁三种业务基础

上，增开慰问礼仪电报新业务；如果您想表达一份关怀和鼓励，或是一份爱心与挚情，请使用慰问礼仪电报，详情可就近查询电信部门。

关心的滋味——得到的人最为明了

中国电信想得最周到。

其他系列文案的标题分别是：

远方，有一个人已经很疲惫，

可您寄不去一双可依靠的肩……

远方，有一个人已经很伤痛，

可您寄不去一双可抚慰的手……

第二，怀旧诉求。

由于时间的一维性，逝去的日子便一去不复返了，而且“过去了的才是美好的”成为人们的一种普遍心理，这就不免使人经常产生“怀旧”情结：青年们喜欢追忆童年的天真和无忧无虑，老人们更是时时怀念逝去的时光，工业化的负面影响常常导致人们对昔日田园牧歌情调表现出由衷的向往……所有这些都使“怀旧”不仅成为文学艺术创作不朽的母题，也是广告诉求的重要源泉。

运用“怀旧”诉求方法时，要注意两点：一是对“怀旧”的题材要精心选择，要选取那些最能引起当前目标受众共鸣的形象与情感；二是主题的题材应与广告产品有密切关系，或者更准确地说，广告产品本身就是“怀旧”的事物或引发“怀旧”的触媒。

第三，幽默诉求。

20 世纪 80 年代以来，幽默诉求在广告中广泛应用。相对来说，用幽默诉求方法制作的广告，以轻松愉快、引人发笑的调子，遮蔽了广告直接劝说、敦促购买的功利印象，消除了消费者对广告的怀疑与抗拒心理，使他们在对喜剧的美感享受中不知不觉地接受了广告诉求，从而变被动为主动，自觉自愿地去购买广告产品。

这类广告的基本特点：一是轻松有趣，令消费者看后感到趣味盎然；二是故事性、戏剧性强，篇幅不长，却曲折有致，一波三折，引人入胜。

以下是麦当劳早餐的广播广告：

背景：Chateau Le Foot 旅馆（音效：铃声）

服务生：早安，约翰先生、太太。

约翰先生、太太：早安！

服务生：在 Chateau Le Foot 旅馆还愉快吗？

约翰先生：愉快极了！

服务生：我想你一定也会喜欢我们的早餐。

约翰先生：早餐？

服务生：是啊！吐司加蛋，上头还撒了鲑鱼肉，只要 17 元 49 分，经济实惠。

约翰太太：哦！不了，我们要去麦当劳。

服务生：麦当劳？

约翰先生：他们早上推出的特餐只要 99 分钱。

服务生：99 分钱。

约翰太太：奶油炒蛋两颗、英国烤松饼，外加一盒香脆薯条。

音效：脚步声渐远。

服务生：哦，原来如此，那祝你愉快。

（稍候，另一位先生出现）

嗨，汤姆先生！

汤姆先生：早！

服务生：要吃我们美味的特制早餐吗？

汤姆先生：特制早餐？

服务生：一颗好大的蛋和鲑鱼肉一起煎得喷香，配上长超厚吐司，才 12

元 49 分。

汤姆先生：不！

服务生：4 元钱……

汤姆先生：不，我要到麦当劳吃炒蛋，烤英国松饼，还有香脆薯条。

服务生：啊，好极了！（小声）有什么了不起。

琼斯太太：早安！

服务生：啊！琼斯太太，在我们这儿用早餐吗？

琼斯太太：不了，我……但是我……

服务生：我把门锁上了，你去不了麦当劳了。

琼斯太太：救命啊！救命啊！

音效：喧哗、喊叫、骚动不止。

播音员：惊喜价 99 分钱，特制早餐就在麦当劳。

再如某脱脂奶粉的广告文案虚拟了一篇恋人之间的通信，通过纽扣给自己的恋人扣眼的情书讲述他们之间的相思之情，以及即将永远在一起的激动和渴望。这封热情洋溢的情书让人在会心一笑之余，深深地体会到了脱脂奶粉的减肥功效。

亲爱的扣眼：你好，我是纽扣，你记得我们已经有多久没在一起了？尽管每天都能见到你的倩影，但肥嘟嘟的肚皮横亘在你我之间，让我们有如牛郎与织女般的不幸。

不过在此告诉你一个好消息，主人决定极力促成我们相聚，相信主人在食用 DIPLOMA 脱脂奶粉后，我们不久就可以天长地久，永不分离。

需要指出的是，并不是所有的消费者和所有的产品都能运用幽默诉求，而且，也并不是在所有的情况下，幽默诉求都会奏效。首先，要考虑目标受众的情况；其次，要考虑产品或服务的类型；最后，广告中的幽默诉求不能太浅陋和流于庸俗，要含蓄深沉，让人看过之后心情愉悦、兴致盎然，而不是故做噱头，让人笑过之后觉得索然无味。

第四，恐惧诉求。

美国著名的人本主义心理学家马斯洛对人的潜在需要进行了深入的研究，认为它可以分为高低不同的五个层次，分别是生理需要、安全需要、自尊需要、爱与归属的需要、自我实现的需要。安全需要虽然在马斯洛的"金字塔形"需要结构系统中处于较低的层次，但由于它和人的生命存在直接相关，因而其重要性绝不可低估。唯其如此，广告文案创作中才发展出与这种需要相联系的恐惧诉求法。

所谓恐惧诉求，是指以人们的安全需要为契机，指明消费者如不购买某种产品或服务，必将对自身安全造成严重威胁，以警示的方式劝导消费者付诸购买行动。这种诉求方式如果运用得当，往往会取得意想不到的效果。

舒丝仕女除毛刀的平面广告分别在三个场景画面中使用了同样一个广告标题：夏天到了，别做惊人之举。三个场景分别是地铁内一支高高悬着的把手，机舱内打开一部分的行李架，书店内最高一层书架里露出半边的一本书。画面同文案的配合天衣无缝，整个画面简洁干净，没有任何多余的人物出现，并通过消费者尤其是产品的目标对象——年轻女性的自我感受和想象产生了巨大的传播力，尤其是文案中"惊人一举"这一词语，将女性在这种场合下可能暴露出腋下汗毛这一尴尬状态充分表现出来，产生了极大的恐惧效果。

如台湾地区保德信保险服务的广告这样写道：

标题：智子，请好好照顾我们的孩子

正文：日航 123 航次波音 747 班机，在东京羽田机场跑道升空，飞往大阪。时间是 1985 年 8 月 18 日下午 6 点 15 分。机上载有 524 位机员、乘客以及他们的未来。

45 分钟后，这班飞机在群马县的偏远山区坠毁，仅有 4 人生还，其余 520 人成为空难记录里的统计数字。

这次空难，有个发人深省的地方，那就是飞机先发生爆炸，在空中盘旋5分钟后才坠毁。任何人都可以想见当时机上的混乱情形：500多位活生生的人在这最后的5分钟里面，除了自己的安危还会想到什么？谷口先生给了我们答案。

在空难现场的一个沾有血迹的袋子里，智子女士发现了一张令人心酸的纸条。在别人惊慌失措、呼天抢地的机舱里，为人父、为人夫的谷口先生，写下给妻子最后的叮咛："智子，请好好照顾我们的孩子！"就像他要远行一样。

你为谷口先生难过吗？还是为人生的无常而感叹？免除后顾之忧，坦然地面对人生，享受人生。这就是保德信117年前成立的原因。走在人生的道路上，没有恐惧，永远安心，如果你有保德信与你同行。

这则恐惧式广告文案并没有一味地渲染空难之后的悲惨场景和情绪，而是很好地引导消费者过渡到对亲人的依恋和怀念上来，并善意地提醒消费者为了亲人的安心和幸福，应该购买一份可以免除后顾之忧，帮你坦然面对人生的保险。

在进行"恐惧诉求"之时，必须与"恐怖"划清界限。"恐惧"只是一种企图摆脱危险的逃避情绪，而"恐怖"则为一种严重的惊慌战栗，有时甚至会造成相当大的社会动乱。因此，恐惧诉求方法的运用，一定要慎之又慎，一是不能滥用，二是不能将"恐惧"扩大到"恐怖"，否则就会受到相关法律的制裁。

第五，探究与闲适。

在紧张的生活节奏里，轻松与闲适的生活状态往往是大多数人都向往和追求的，在广告文案的撰写中，表现一些生活化的平淡但充满趣味的故事和生活情节也容易引起普通人的共鸣。这些描绘，可以让人们对不熟悉的事物产生兴趣，通过探究这些获得极大的满足感和成就感。

《探索发现》频道的平面广告文案的标题是这样说的：

竹子在24小时之内可以长高90公分(一个睡在高高竹床上的男人惊恐地望着地面)

科学家发现南极是最容易找到陨石的地区(一群企鹅抬头仰望着流星划过的天空,几只企鹅头上还贴着覆盖伤口的胶布)

蚊子的翅膀平均每秒挥动3000次(蚊子在头顶盘旋,头发旋起大大的旋涡)

母鸽看不到别的鸽子就无法下蛋,如果让她照镜子也可以。(正在化妆镜前端详自己的母鸽子)

(广告语:今天你有什么新发现?)

消费者往往对他不了解的事物感兴趣,所以在广告文案创作中,如果我们适当地加入一些知识性的内容,则容易引起消费者的注意和兴趣。如美国DDB广告公司20世纪60年代为S&W罐头所作的系列文案:

第一则

我们添加的唯一的东西就是盐

(画面为一条大鲑鱼,身上套着S&W罐头标签)

我们公司的鲑鱼没有必要添加油料以增其汁味,因为它们都是特别肥大的鲑鱼。这些健康的鲑鱼,每年溯游到菩提山之北的长长河川。如果我们在蓝碧河选不出理想的鲑鱼怎么办呢?我们会耐心地等到明年。为什么?因为如果不是完美的,不会被S&W装入罐头。

第二则

从50颗大粒的桃子里,S&W精选出5颗

(画面为一堆平铺开的桃子,中间有5个空白)

光是最好的还不行。S&W挑选桃子的条件是:全熟,又圆又肥大。多汁而甘甜是理所当然的。

以此标准挑选出来的桃子,自然不多,而能贴上S&W标签的,更是经过精选后的少数。我们坚守此要求：S&W 不会把不完美的东西装入罐头。

第三则

一颗 S&W 豆子的际遇

（画面为一颗豆子经过重重检查进入罐头，正文的每一句话，对应一个检查程序）

这是叫作“完美”的特别品种，在西部广阔丰沃的土壤中育成，在它非常鲜嫩时就要采摘，它外皮的柔软度要经过测试，它的成熟度要用我们的圆熟度计来证明，它如砂糖般的甜美要由我们的老手亲尝，当它在这些方面都无懈可击时，这粒豆子才能获得 S&W 的标签。

这是无上的责任。但是，如果它是不完美的，就不会被 S&W 装入罐头。

第四则

这些番茄仅供饮用

（画面为一只大的饮料杯中装着几只番茄）

我们把炖菜用的番茄和饮用番茄区分开来。不少优秀的罐头业者，从收获的番茄里，选出较好的做菜用番茄，剩下的才拿去制番茄汁。这是很实际的做法。我们的做法就不太讲究实际。我们把加州番茄当作制汁用番茄来种植，一直等番茄长到柔软甜美，汁液饱满。这是旷日持久、耗费金钱的做法。但这也是 S&W 的方针。我们认为，这是把完美的制汁用番茄制成完美的番茄汁的唯一做法。它若非完美，就不会被 S&W 装入罐头。

第五则

我们把大鱼放生

（画面为一位渔夫惋惜地看着一条被吊起来即将放生的大鱼）

小金枪鱼，简直就像小羊、小豆子、嫩玉米粒一样柔嫩。因此，S&W 绝不用大金枪鱼制作罐头。您把 S&W 的罐头打开，一定会发现里面是多汁的小金枪鱼。那如果捕到的都是大鱼呢？很简单，S&W就不把它装罐。为什么？因为如果是不完美的，就不会被S&W装入罐头。

故事性的广告文案既可以通过曲折和具有戏剧性的故事情节引起消费者的好奇心和探究心理，又能通过结局来展现生活的闲适和情调。如台湾奥美广告公司为左岸咖啡创作的电视广告文案：

标题：下雨喝一下午的咖啡

正文：

聊赖午后，我独自走在蒙巴顿的街上。

突然下起雨来，随手招来一辆计程车。

满头白发的计程车司机问了三次“去哪里”我才回过神。

“到……”

没有预期去哪里的我，

一时也说不出目的地。

司机从后视镜看着我说“躲雨”，我笑着没回答，

雨越下越大，司机将车停在咖啡馆前让我下来。

笑着说：“去咖啡馆喝咖啡吧。”继续挥手示意不必付钱了，

来不及说谢谢，计程车已经融入车阵中。

走进冷清的咖啡馆，四名侍者围坐一桌闲聊着，

见到我立刻起身，异口同声地说，“躲雨？”我笑着不知怎么回答。

午后一场意外的雨，

让我一个下午，见识到五个会猜心事的人，

喝了一下午的咖啡。

第六，个性与价值观。

在广告文案中表现个性化的内容和个性化的风格，以表达诉求对象强烈的自我价值观念，包括个性、自信、自我实现的强烈期许和愿望等。

个性是青年人普遍期望和向往的，很多以青年人为目标消费人群的品牌往往喜欢在广告文案中从青年人的立场和角度说话，表现青年人的激情、独立、个性和对自我的追求与向往。如雪碧在香港地区的广告文案：

平胸又怎么样了？谁在乎？很多超级模特都是平胸啦！她们不照样很漂亮、很性感。有个性、有个人风采就是“型”，不用管别人是什么看法！——YOUN17 岁（喝就喝 Sprit）

师生恋是禁忌？都 21 世纪了，为什么不能自己挑选自己喜欢的人呢？公布成绩那天，我鼓起最大的勇气和陈老师说我喜欢她！虽然她没有接受我，但是我没有后悔！——ERIC17 岁（喝就喝 Sprit）

12 岁那时我就知道自己的性取向和别人不一样。直到去年，我决定公开。我的家人和朋友知道后都很支持和体谅我。现在我和我的另一半生活得很开心。——AMY18 岁（喝就喝 Sprit）

我不是小孩子了，我懂得分辨对和错；什么可以做，什么不可以做。我懂得自己照顾自己，我懂得自己挑选朋友。不要当我是小孩子，我已经长大了！——阿 DEE14 岁（喝就喝 Sprit）

有些产品往往在广告文案中展现消费者自身的自信和成就感，以及面对困难、阻力和障碍时强烈的求胜欲望等，这以运动类产品和品牌最为突出。如耐克的平面广告文案：

第一则

1998 年 1 月 9 日 2：14PM　小肯·格里弗伊

依靠变换投球方向，手套上迸出的火花。保持现在的体重，以让我更加灵活。我在击球区尽可能地摆臂，清楚地记得距离墙边警戒线还有三步，给我的双脚更稳固的支撑。我能够率领我的球队冲过 9 月的比赛吗？我能够。

第二则

1998 年 3 月 12 日 4:15PM　布赖恩·麦克布赖德

细心照料长入肉里的指甲，警告那个忽视我提醒的防守队员，希望球能恰好飞到我的面前，减轻我脚部的任务，我能够改变一个人的精神状态吗？我能够。

第三则

1997 年 12 月 2 日 7:17PM　凯文·盖姆夫

穿上富有弹性的橡胶鞋，准时出场球队的每一次竞赛。用力向上弹跳起来，20 场比赛有一半遇上雨，球到脚边会感觉更好。稍稍考虑一下，我能够驾驭双脚吗？我能够。

第四则

1998 年 1 月 11 日 1:09PM　斯科蒂·皮彭

对鼻梁挨的重重一击耸耸肩，给左脚再裹上些胶布，继续突破人盯人防守，记得大学生活是从做器械管理员开始，跌倒时减少了一些冲击力。我能够是必不可少的关键性人物吗？我能够。

第五则

1998 年 2 月 25 日 12:15PM　西奥·弗勒里

扔掉摔断的门牙，推开 260 磅的防守队员，把更大的能量转为更多的得分，只让我的冰鞋一侧起皱，把非赛季也当成赛季，我能够在此与奖杯亲吻吗？我能够。

第六则

1997 年 11 月 24 日 2:15PM　鲍伯·肯尼迪

依靠一个肯尼亚人的信念，不顾 38 度的高温和迎面而来的暴雨，10m×

400m 只用了 56 秒而不是 57 秒完成。摄取最少的咖啡因，为我的志向保护我的脚腱，我能够成为世界最优秀的长跑运动员吗？我能够。

在广告传播中，通过广告文案表现普通消费者的价值观念也是一种非常有效的创意和写作手法，它能很好地深入消费者的内心，表达或总结消费者自身所具有的美好的观念、品质，或者引导和帮助消费者树立起某些价值观念。以下《悦己》杂志的广告文案，就是致力于以现代女性追求独立自主的价值观同年轻的女性消费者进行沟通，其标题分别是：

男人付账值得炫耀，但自己买单那叫骄傲；

我没有背景，我就是我自己最好的背景；

女人的命运自己决定，算得好天注定，算不好是迷信；

魅力见仁见智，拼不过姿势拼知识。

运用感性诉求应注意的问题是：首先，感性诉求广告所抒之情应该健康高尚，不能违背"善"的要求。通过传播健康高尚的情感，使广告既能实现扩大产品市场的目的，又具有一定的审美教育功能，有益于社会进步和文明发展。其次，感性诉求广告之"情"必须寓情于境，否则就会因流于抽象、空泛而失败。最后，感性诉求广告要受到产品的限制。有些产品，如高科技产品、生产资料、生产工具等，一般不宜运用感性诉求广告。而一般日常用品，如化妆品、食品、服装等，则适合于运用感性诉求广告。因为这些产品总是与消费者的情感有着密切的联系，通过形象诉诸情感，易于让他们作出购买决定。

3. 理情结合的诉求方式

理性诉求与感性诉求是两种最基本的诉求方式，这两种方式各有千秋。理性诉求方式说理透彻、充分，但是少了与消费者的情感交流，显得有距离感；而感性诉求虽然注重与消费者的情感交流，有时却不能把产品信息交代清楚。另外，理性诉求有时显得枯燥、生硬，缺少生气，使消费者缺乏兴趣；

感性诉求由于过分注重对情绪与情感的渲染与描述，在一定程度上会影响广告信息的传达。

在广告诉求中，将感性诉求和理性诉求结合起来、优势互补的策略，就是理情结合诉求策略。在这种诉求策略中，常常利用理性诉求策略传达客观的信息，利用感性诉求策略引发受众的情感，形成情理交融、既有说服力又有感染力的诉求方式。结合两者的优势，往往能达到最佳的说服效果。

罗斯·瑞夫斯为总督牌过滤嘴香烟策划构思的广告文案就是独特的心智造就的理情结合型的典范之作：

标题：总督牌给你而别的滤嘴不能够给你的是什么？

正文：只有总督牌在每一支滤嘴中给你两万颗过滤凝气瓣。当芬芳的烟气通过时，它就过滤、过滤、再过滤。

男人：有两万颗过滤凝气瓣，实在比我过去所吸的没有过滤嘴的香烟味道要好。

女人：对，有过滤嘴的总督牌吸起来要好得多……而且也不会在我嘴里留下任何烟丝渣。

只比没滤嘴香烟贵一两分钱而已。

还在研究考虑阶段的商品。

世界上最畅销的滤嘴香烟。

这则文案开门见山地让目标受众明白，总督牌香烟区别于其他香烟的特征在于香烟头有一个“凝气瓣”，并说明这种凝气瓣的作用。接着，从情感上打动消费者，设计一对中年男女吸烟者亲切交谈的独特的生活画面，这一画面，把男女吸烟者对总督牌香烟的喜爱之情表现得淋漓尽致，惟妙惟肖，完全生活化，完全没有广告味，最能击中消费者的心灵，让目标对象心驰神往。

科龙空调的一则报纸广告也是情理交融的例子：

如果你只想要一部普通空调,就不必往下看。科龙空调现已上市!

制冷杰出的科龙空调:能效比超群的“智能高手”。卓越的性能,令科龙空调在 1992 年全国空调质量检测中获得能效比 CCOP 值最高达 3.34 的殊荣。

宁静和谐的科龙空调:超静音设计,令科龙空调室外机的噪音比一般空调的室内机还要低,在 1992 年全国空调质量检测中,以噪音最低获得第一名。

赏心悦目的科龙空调:流线型机身与圆弧面相结合的轻型设计,配合恬静幽雅的色调,使之宛如一件艺术品。

勤俭持家的科龙空调:高效节能,除了风度翩翩、性格恬静和制冷身手不凡之外,还懂得细水长流,确是个持家好手。

这则广告既用客观、准确的理性语言介绍了产品的具体技术和质量标准,又用生动、丰富的感性语言描述了产品的风格和时髦程度,具有很强的说服力。

六、正文表现形式

1. 客观直陈式

不借助任何人之口,而是直接以客观的口吻展开诉求。文案的正文既可以直接陈述事实或者表达观念,也可以引用权威证言和消费者证言、列举单个消费者的使用经历和消费者的反应等。这种正文表现方法的优点在于它能以最容易被人理解的方式和外在形式,说诉求对象能够听得懂的话。

如中国移动上网业务的广告文案:

标题:用手机上网,在移动中也能进行 dot com

正文:你也许从来没发现进入互联网会变得这么容易,是的,现在只要通过上海移动提供的手机上网服务，你可以在任何时间、任何地点找到进入互联网（移动梦网）的入口，这就是21世纪无线网络带给你的无限便利。

不仅如此，网络还提供邮件服务、铃声定制、手机地图等丰富内容。这样，你的网络生活在移动中也能妙趣横生。是不是很有趣？这就是手机上网的魅力。

再如西门子医疗器械的广告文案：

标题：怎样让失聪的孩子听到母亲的笑

正文：儿童听力受损问题，一直长期存在。处于领导地位的西门子，通过及时进行缺陷检查以及使用更先进的助听技术，帮助儿童避免因听力受损而导致听说能力迟缓的问题，让他们也可以享受生活的美妙音符。

这是西门子医疗器械在中国所作的平面广告文案，其诉求重点是西门子医疗解决方案可以帮助儿童享受更多的关爱。此文案看似毫无创意，其实在简单的话语中就将母亲深沉的母爱表现出来了。

标题：只闻其声，不见其形，享受环绕，就这么简单

正文：飞利浦 Ambisound 回音环绕技术。一个无线的全方位多声道环绕音场，让你置身其中，如临现场，独特的一体化"回音壁"音响设计，省去了家居音响环绕布线的烦恼，使家居环境简洁典雅。

这是飞利浦音响设备的平面广告文案，正文用简洁而通俗的语言阐释了飞利浦回音环绕技术的优点，并用了一个简单而传神的比喻，即"回音壁"技术，让消费者一目了然。

2. 主观表白式

正文以广告主的口吻展开诉求，在文中使用了"我们怎么样怎么样"的表述。这样的广告文案在表述企业观点、态度和产品服务优势等方面具有很好的效果，然而我们的阐述往往只是一种广告主立场，并没有从消费者的

角度进行更多的考虑，往往给人一种自说自话的印象。

这是一则 Amtrak 列车的平面广告文案：

标题：这次旅行将穿越沙漠、山岭、森林和隧道

正文：这是一列火车。在车上您会感到非常舒服，并为窗外的景象振奋不已。在车上您可以读点书、聊聊天或稍稍休息。用餐时可以享受到我们为您准备的美味佳肴及我们热情周到的服务。乘我们的列车，可到达500个目的地中的任意一个。在车上您可享受到其他任何一种陆地旅行的快乐。订票请打电话给您的旅行社，或打电话给 Amtrak1－800－USA－RALL。

广告语：都来乘坐 Amtrak

再如佳加钙儿童保健品的系列广告文案：

第一则

标题：她是老总，她更是妈妈

正文：作为企业总经理，有时候会面临企业利益和消费者利益冲突的决策难题，孰重孰轻？如何抉择？这个时候，我都会对自己说："我是老总，但我更是妈妈！"

第二则

标题：她是经理，她更是妈妈

正文：每年我都为成千上万名消费者解答佳加钙的产品特点，在全国各大城市亲临市场一线了解消费者的需求，同事们都说我是敬业的"铁娘子"，其实我只是知道："我是经理，我更是妈妈！"

第三则

标题：她是检验员，她更是妈妈

正文："不合格，不合格，不合格！"

对于佳加钙的质量问题不能有一点水分，负责生产的同事们背后都叫我

“魔鬼”，我在坚持什么？因为我知道：“我是检验员，但我更是妈妈！”

第四则

标题：她是专家，她更是妈妈

正文：“重来！重来！重来！”

科学研究工作的确枯燥，面对一次又一次失败真的很想放弃，这个时候，我都会告诉自己：“我是专家，但我更是妈妈！”

这几则系列广告文案用企业内部人员的名义来主观地讲述企业在产品生产和服务过程中对消费者负责任的态度和行为。分别从企业老总、销售经理、检验员、科研人员的不同角度阐述企业对消费者的责任感和关爱，以期望引起消费者的共鸣和好感。

3. 代言人式

选用代言人，以代言人的口吻向诉求对象说话。这是电视广告经常使用的方式，在平面广告中也比较常见。广告可以选择名人代言，也可以选择一些普通人来进行产品的代言，但无论如何，代言人应该了解产品的事实，应该说一些符合自己身份和个性的话语。

如动感地带系列平面广告：

第一则

标题：亮出特权身份 就在动感地带

正文：只要一张动感地带 SIM 卡，特权身份就是我的。除了基本的通话功能，还拥有四大特权任我享用：话费节约权——多种动感资费套餐供应，让我放下话费包袱，轻松饱尝沟通乐趣；手机常新权——新我工具常有新款手机打包给我，旧的没去，新的已经来了；业务任选权——业务极大丰富，听的说的、看的玩的，都是我变着花样想要的；联盟优惠权——N 多厂商与我联络，吃穿玩用都有特殊待遇，别人的地盘，正在变成我的地盘。我爱这特权，爱这里的东东特别全。“动感地带”（M－ZONE）——我的地盘，听我的！

第二则

标题：别人的地盘 正在变成我的地盘

正文：不是吹牛，动感地带真的给了我特权——从麦当劳开始，N 多厂商与我联盟，吃穿玩用每一个喜欢的牌子都可能给我特殊优惠，别人的地盘，我也要当家做主。还等什么？现在就加入动感地带，享受越来越多的联盟特权优惠吧！“动感地带”（M－ZONE）——我的地盘，听我的！

第三则

标题：换机狂热分子

正文：对手机，我有权利喜新厌旧。喜欢索尼爱立信 T312，也喜欢西门子 S57；喜欢诺基亚 7250i，还喜欢夏新 A8698 和三星 S208……只要是动感地带为我专门定制的新款手机，与各种新鲜业务打包，我就能得到“1＋1 小于 2”的优惠。轻松换机的同时，享受彩信、GPRS 上网、N 多游戏下载和各种特色咨询等等，话费也省下不少。旧的没去，新的已经来了。“动感地带”（M－ZONE）——我的地盘，听我的！

这则系列广告文案属于信息并列型，在这套系列广告中以“我”——一个年轻消费者的口吻传达了动感地带提供的多样化服务的信息。其中，第一则广告为龙头，其余几则分别传达不同方面的信息，这些信息互相并列，分别诠释主信息的不同侧面，使主信息更为明确、可信。同时，广告中也有不少词语体现了时代的特色，同时也是这个时代年轻人的流行话语和表达方式。

4. 独立式

以虚构的人物或者广告中角色内心独白的方式展开诉求。这种形式不直接向诉求对象说话，而是让独白者回忆自己的经历或者表白自己观点，抒发感情。在文案里，表达独白者鲜明的个人色彩和个性特征，从而引起消费者的内心共鸣和情感响应。以下是三则《北京晚报》的平面广告文案，文案以普通读者内心独白的方式讲述了《北京晚报》在他们生活中不可或缺的地位。

第一则

标题：APEC 会议开了，锅也开了

正文：他喜欢什么汤？美式的、俄式的、日式的、泰式的，还是最美味的家常式的？反正一切由我决定。现在他的朋友已经来了，但汤好像还要多煮一会儿，谁让新面的味道比汤来得早。

口号：北京晚报，《晚报》不晚报。

第二则

标题：中国入世了，孩子出世了

正文：从几天前就默默关注着，这一天会是什么样子，全家人都紧张兮兮的，只有我睡得最平静。她的到来与其说惊喜，不如说自然，就像现在，我和我怀里的小东西，在一个被阳光逗笑的下午。

口号：北京晚报，《晚报》不晚报。

第三则

标题：新一轮打击还没有过，站已经坐过了

正文：车是公共的，选择是私人的；空气是公共的，呼吸是私人的；新闻是公共的，眼光是私人的。分享是每一个人的权利。回家的路上，我在公共场所享受着私人的乐趣。

口号：北京晚报，《晚报》不晚报。

以下为 Famous 美容机构一则电视广告文案，文案以一个女性的口吻讲述她同 Famous 的亲密关系，文案甜蜜、柔情、细腻，还带有些许幽默和俏皮，

展现了一位年轻女性对青春、美容，继而对美容机构的依恋和深情。文案是：

认识 Famous 很久了，他很有名。但总是把女人看得比什么都重要。别人怎么说他我不管，不过他总是用专业和耐心保护着我。认识 Famous 很久了，有 Famous 才看得到出色的我。

广告语：曲线窈窕非梦事

5. 对白式

通过广告中人物的对话与互动展开诉求。这种方式，常常用于生活片段式或者故事式的广告作品中。德尔塔航空公司电视广告就展现了航班上厨师和侍者的对话。文案是：

厨师：为什么每一位旅游者都喜欢从德尔塔飞往佛罗里达度假？因为一日三餐都可以尝到我做的多汁牛排……

侍者：哈，他们从德尔塔飞往佛罗里达度假，是为了我的香槟美酒。

厨师：是这样吗？

侍者：当然是这样。因为这种美酒在所有直达飞机上，日夜都有供应。

厨师：好，那你先尝尝我的多汁牛排……任你挑选，这是薄片烤牛排。

对白式的广告文案正文在撰写时应该注意自然和真实，能够符合人物自身的身份和个性特点，符合广告的语言环境。在美国《时代》周刊广播广告中，一位因为白天没有买到周刊而晚上睡不着觉，进而在很晚的时候心神不宁地穿着妻子的睡衣出来买杂志的男士，同夜间值勤的警官产生误会和解除误会的情节，完整展现了二人之间非常符合各自身份的对话，进而表现读者对于《时代》周刊的喜爱和亲密关系。文案是：

警官：对不起，先生，半夜三更你在这儿干什么？

男人：看见你太高兴了，警官先生。

警官：我问你在这儿干什么？

男人：我住得不远，那边，第四幢楼……

警官：先生，别废话了。请回答我，你在这儿干什么？

男人：唉，别提了，我本来已经上床睡觉了，可是突然想起来白天忘了买本《时代》周刊杂志看了。

警官：你穿的是什么？

男人：衣服？睡衣呀！哎哟？走的时候太慌张了，我老婆的睡衣，很可笑吧？

警官：上车吧，我送你回去。

男人：不行，没有《时代》周刊，我睡不着觉，躺在床上看看"电影评论""现代生活掠影"这些栏目……

警官：好了，好了！快点吧，先生！

男人：我试着看过其他杂志，但都不合胃口，您知道《时代》杂志发行量一直在上升吗？

警官：不知道，我知道罪案发生的情况。（汽车发动声）

男人：像我这样的《时代》杂志读者多得很，比如说温斯顿·丘吉尔。你呢？快快，不好了，快停车，你总不能看着我穿着老婆的睡衣就这样去警察局吧？

警官：你到家了，下车吧！（停车声）

6.故事式

这种写作方式将正文写成一个完整的故事，描述故事具有吸引力的情节，塑造出鲜明的人物形象，并让企业、产品或者服务在故事中扮演重要的角色，将广告诉求在故事中以合情合理的方式展现和传达给消费者。如安利（中国）公司报纸广告文案：

主标题：一个待人以诚的真实故事

副标题：得了全世界的钱也未必快乐，看着别人一天一天好起来，心里却有着无限的满足

正文：余先生夫妇加入安利已逾10年，是安利大家庭中的长辈，他们的长者风范温暖着每个人的心。最初，余太太加入安利当直销员，任职商行经理的余先生曾为此大表反对，认为不值得为那些"鸡毛蒜皮"的酬金而累坏了身子。但余太太的想法却不一样，她说加入安利不全是为了钱，能够帮助他人达成心中理想，才是最大的报酬，目睹自己朋友的生活得以改善，心中的喜悦实在难以形容。他们以诚待人也赢得了别人的爱戴：有陌生的安利朋友在滂沱大雨中递上雨伞；有家在别处的直销员特意登上他们搭乘的班车，为的只是短短车程上的片刻交流……这些种种，都丰富着余先生夫妇的人生，更叫他们立志紧守安利的事业，十年如一日，永不放弃。

台湾统一企业旗下的左岸咖啡品牌的所有广告都是虚拟了一位去巴黎旅游的年轻女性，流连于塞纳河左岸的咖啡馆内品尝咖啡，并目睹了大量的或温情、或乐观、或有趣、或幽默的故事。列举如下：

标题：上帝？彩票？音乐师？

正文：常在广场演奏手风琴的音乐师，

轻易穿过交错的街道，来到咖啡馆。

他对咖啡馆的熟悉超出我的想象。

邻桌一位好奇的客人向侍者打听音乐师的来历，

"27岁那年，随马戏团走各地的他

同往常一样

在表演走钢丝时没有忘了向上帝祷告，

在众人的注目下，才跨出一步，

他便从钢索上落下……"

侍者转头看着音乐师，

压低声音:“就这样失明了!”

侍者突然拿起一份晨报,

快步地朝音乐师走去。

音乐师从呢帽中取出几张彩票给侍者,

侍者翻开晨报,熟练地为他兑起奖来。

经过一阵小声交谈,

音乐师慎重地收起彩票,露出笑容。

侍者为他披上大衣,点了根烟,

没多久后他拿起手风琴,

奏起快板的布雷舞曲,

喜滋滋地步出咖啡馆,

和进来时一样,没有碰到任何桌椅。

侍者回到好奇的客人桌前

继续未完的话题,

“那次意外后,他开始买彩票

而且一买就是30年

30年来他未曾中过一张彩票

今天也不例外。但,他始终乐观

因为他总说……

‘上帝欠我一次’。”

故事性的广告文案可以有效地保持消费者的阅读兴趣,在故事的展开中自然而然地进行广告诉求,从而增强广告的说服力。

七、正文写作技巧

1.讲述不为人知的事实

大多数广告倾向于集中笔墨正面介绍产品,描述那些显而易见的特点,给诉求对象讲一些他们不知道的新鲜事。其实，如果把产品背后隐藏的不为人知的事实揭示出来，广告的说服力和趣味性将会更强。

2. 尽量增加趣味性

正文能否吸引读者从头读到尾，不会因为毫无趣味而放弃阅读，除了取决于它能否提供和诉求对象相关的有用信息以外，很大程度上还在于它是否能激发兴趣。正文越长，越需要趣味性。新鲜的事实、生动的人物和故事、幽默感、适当的提问都有助于增强正文的趣味性，保持读者的阅读兴趣。

3. 诚实的态度

在提供真实信息的基础上，广告还应该透露出真诚和诚实的态度。无论广告是客观陈述还是使用了代言人，都不能花言巧语、夸夸其谈，不能粉饰和欺骗，要让诉求对象感觉到，有一个诚实可信的人在跟他说话。

4. 如与人交谈

在现代营销传播中，最忌讳一味讲述产品如何好的硬推销，这种一厢情愿的传递信息的方式，很容易引起消费者的抵触和反感，消费者往往觉得这是对他们的轻视。这也是所谓的广告腔。正确的做法是试图同消费者进行沟通，表现在广告文案的写作上，则是运用语言时如同与人交谈和聊天一样，消除消费者的戒备。

第三节　广告口号

一、广告口号的含义

广告口号是指为了加强诉求对象对企业、产品或服务的印象而在广告中长期、反复使用的简短口号性语句。它是广告主所提供的产品、服务的优良品质和良好形象的体现，或者是对广告主所倡导的理念的言简意赅的概括。广告口号不是出现了一两次就弃置不用的广告语，而是要围绕同一产品或服务在广告中反复出现。如：

UPS，为您传递更多——UPS 快递

使命必达——联邦快递

建筑无限生活——万科房产

知其道，用其妙——西门子医疗解决方案

时机已至——帝舵表

在以上的广告口号中，前三项简短明快的语言已经包含了商品品牌，后面的两项并没有很清晰地标示出品牌的产品类别。这两类是广告口号的基本类型。

二、广告口号的特点

广告口号具有相对稳定的特点。广告主都希望在一段时间内，通过反复宣传其广告口号，使其家喻户晓，人人皆知。经常变动的广告口号会使消费者产生认知上的混乱，美国著名品牌 M&M 巧克力豆的广告语“只溶在口，不溶在手”连续 50 年多来一直存在，从未改变。稳定的广告口号加上持久的传播造就了著名的品牌。

广告口号具有易记易传的特点。广告口号应该简短明快，朗朗上口，便于人们记忆。如雀巢的广告语“味道好极了”，非常简单和通俗，消费者只要一接触就能记住，而印象深刻。

广告口号具有诉求单一的特点。广告口号的内容应该重点突出，内容单一，它应该是最希望被消费者了解的东西，不能什么都说。

三、广告口号的类型

我们可以从不同的角度对广告口号进行分类，常用的广告口号有如下几种类型：

1. 鼓动式

用鼓动性的语言制作成广告口号，激励消费者去购买某种产品或接受某种服务。如：

拥有，才有价值——招商银行信用卡

活得精彩——福特福克斯

新一代的选择——百事可乐

人头马一开，好事自然来——人头马酒

有健康，才有将来——安利纽崔莱

2. 赞扬式

广告口号突出产品的优越性，使消费者对产品产生好感。如：

环球金融，地方智慧——汇丰(中国)

精于心，简于行——飞利浦电器

网聚人的力量——网易

钻石恒久远，一颗永流传——戴比尔斯钻石

滴滴香浓，意犹未尽——麦斯威尔咖啡

车到山前必有路，有路必有丰田车——丰田汽车

3. 情感式

用富有感情的语言进行渲染，使消费者在购物时产生美好的联想。

晴空万里，创意写天地——法国航空公司

世界触手可及——中国电信

让一切自由连通——中国联通

知人，有信——MSN

万事皆可达，唯有情无价——万事达卡

科技以人为本——诺基亚

四、广告口号的作用

1.加深印象

通过广告口号的反复宣传能够加深受众对企业、品牌、产品或服务的印象。爱国者数码产品在2008年推出了一个新的广告语“2008年我们都是爱国者”。一语双关的广告词既有效地点出了品牌的名称，更让广大消费者把这句话同2008年中国发生的一系列大事以及在这些大事面前中国人表现出来的对于民族和国家的热爱和忠诚联系起来，给人留下了深刻的印象。

2.长远促销

好的广告语由于揭示了产品个性和消费者需求之间的内在关系，能够达到长远促销的目的。前面我们提到的美国著名品牌M&M巧克力豆自20世纪60年代以来就一直沿用“只溶在口，不溶在手”的广告语。海尔“真诚到永远”的广告也是一个长期的口号，并且深刻地影响了消费者对于海尔的品牌印象，促进了海尔的产品销售。

3.树立形象

广告口号一般可以传播企业的精神、观念和宗旨，为树立企业的良好形象发挥了重要作用。诺基亚公司的“科技以人为本”明确地提出了科学技术为人类服务的观念，其实是表达了产品的设计宗旨和人本观念。2008年海尔提出“一个世界一个家”的口号，树立起了企业期盼世界和谐大同的美好愿望，在消费者心目中树立了良好的社会形象。七匹狼“男人不止一面”更是将双面夹克的产品特征同人们心目中理想男人的特征结合起来，传达给消费者“男人既要坚毅又要柔情”的观念，从而引起许多人尤其是男士的共鸣，扮演了一个成功男士的倾听者和理解者的角色。

4. 倡导观念

广告口号有能力改变受众的消费观念，甚至引导新的流行文化。有些产品的推广，就是在有意识地培养受众的消费意识。戴比尔斯钻石的广告语“钻石恒久远，一颗永流传”，就在20世纪90年代以来深刻影响了中国年轻人的婚恋观念，从原先以金饰品为婚恋爱情信物的观念转换为对于钻石象征爱情忠贞的追求。

五、广告口号的结构

广告口号一般只有十几个字的发挥空间，要在这个有限的文字空间里有效地表达出品牌的主要特点和产品品质，需要广告文案人员具有高超的语言表达能力和创意能力。在广告口号的结构选择上，可以有如下多种方式。

1. 简短单句

不用标点，只用一气呵成的句子表达出来。如“农夫山泉有点甜”（农夫山泉），“运动就在家门口”（广州奥林匹克花园），“味道好极了”（雀巢咖啡），“做女人挺好”（婷美内衣）。

2. 简短双句

双句的样式，能够给语言两个表现的机会，在每个词组中分别突出一个重点，然后在它们之间加入转折、承接、递进等逻辑关系。形式有六字句、八字句、十字句等。如“晶晶亮，透心凉”（雪碧），以递进的句式表现雪碧饮料清凉和令人精神振奋的品质。“万家乐、乐万家”是万家乐电器的广告语，利用顶针的方式将万家乐电器带给消费者的精神利益表现出来。这样的广告语有很多，如“戴雷达，闯天下”（雷达表）；“质量第一，用户第一”（金星电视）；“精心创造，精心服务”（金星电视）；“领先一步，申花电器”（申花电器）。简短双句的形式，还可以有所变形，变为三短句，甚至四短句。如“燕舞，燕舞，一片歌来一片情”（燕舞录音机）；“每一年，每一天，我们都在进步”（联想电脑）；“雪中之豹，雪中之宝，雪中送宝”（雪豹皮革行）。

3. 词组式

词组式的广告语一般可以有偏正式、动宾式等。偏正式是找到一个中心词，对它进行修饰，往往能很好地表现企业与产品的特点和优势，如“挡不住的感觉”（可口可乐），表现可口可乐美味、清凉、令人精神振奋的特性；“新生代的选择”（百事可乐），表现百事可乐是新潮的饮品，是代表时代发展潮流的，是年轻人的饮品；“太空时代的饮品”，反映的是果珍饮料在消费者心目中的超前品质。动宾式的词组也比较常见，如“飞越无限”，这是摩托罗拉曾经使用过的广告语，动宾式词组表现了摩托罗拉通讯设备带给使用者的精神享受和情感利益。

六、广告语写作要点

1. 简短易说，口语风格

广告口号应该简短有力，字数不宜过多。在口语风格上，应该注意语调上的合辙押韵，读起来具有强烈的节奏感和韵律感，这样对记忆大有帮助，而且这些喜闻乐见的形式，通俗易懂、通顺流畅、朗朗上口。

2. 突出个性，观念前瞻

在广告口号中，尽量把商品或服务的特点体现出来，以己之长攻人之短，并且具有高度的概括性。

3.情感亲和，号召力强

广告口号应该注意照顾大多数人的情感状态，并注意随时发挥鼓动激励的作用，促使消费者尽快把兴趣和想法变成行动。如“大宝天天见”“我只用力士”等。

4.嵌入品牌，加深印象

在广告口号创作中，把公司、产品、服务的名称自然地嵌入到广告口号中，在宣传中不断地出现，将会大大提高公司或产品的知名度及广告宣传的效果。如“爱是正大无私的奉献”“威力洗衣机，献给母亲的爱”等。

七、广告口号的创作程序与步骤

1.广告口号的创作程序

首先，要确定广告口号的内容，也就是广告口号中最重要的信息内容，这些信息要么是代表特定产品的个性特征或企业的个性特征，要么是目标消费者最关心的内容。

其次，广告口号要选择最能与消费者沟通的方式。广告口号应该选择最能引起消费者共鸣的语言表达方式。我们比较一下这两个广告口号：一个是麦斯威尔咖啡的口号“滴滴香浓，意犹未尽”；一个是雀巢咖啡的广告语“味道好极了”。虽然两个广告口号都是从消费者立场出发的，但是雀巢的口号似乎更胜一筹，它以最平凡的语言来同消费者沟通，效果更明显些。

据丁柏铨主编的《广告文案写作教程》介绍，广告口号的表达技巧有返璞归真法、幽默引人法、唤起共鸣法、烘云托月法、正话反说法、赞赏顾客法等[①]。返璞归真法是弃用华丽的辞藻，用朴实无华的语言来与消费者沟通。如“上海大众永远和您在一起”（大众汽车）；“高高兴兴上班去，平平安安回家来”（公益广告）；“用了都说好”（达克宁霜）等。幽默引人法，就是用诙谐幽默的语言，让消费者在欢笑中接受广告所传递的信息。如“一呼天下应”（润讯通讯）；“省优，部优，葛优”（双汇火腿肠）；“没什么大不了的”（丰韵丹）。唤起共鸣法，用情感诉求的方式，唤起目标受众的内心体验，使之产生共鸣。如“一股浓香，一缕温暖”（南方黑芝麻糊）；“有多少南方摩托车，就有多少动人的故事”（南方摩托）；“心有多大，舞台就有多大”（中央电视台）。烘云托月法，是指不直接说明产品服务或企业的优点，而是从侧面来衬托。如“今年二十，明年十八”（白丽美容香皂），用不可能发生的年龄的倒退变化来说明皮肤的变化和年轻化；“不是所有的牛奶都叫特仑苏”（蒙牛），这个广告口号给消费者的感觉是特仑苏不仅仅是一个品牌的名称，还是一种高品质的代称。正话反说法，利用消费者的逆反心理来创作广告口号，如“杉杉西服，不要太潇洒”，本来女人爱漂亮，男人爱潇洒，这是人之常情，但这个广告语却故意反其道而行之。赞赏顾客法，就是通过赞扬消费者的方法来让消费者获得一种心理满足。如某房地产商广告语是“献给创造时代的英雄”。

最后，针对信息内容和沟通方式，提炼最精粹、最到位的语言。广告语的创作，要注意遣词造句方面的修饰和润色。这方面可以尝试进行同义词的替换训练，哪个词语效果好就用哪个。

2.广告口号的创作步骤

首先，要决定在广告口号中喊什么，是要在广告口号中表现企业形象，还是产品特点，抑或是某一观念。企业形象包括企业的历史、规模和主要产品、企业文化等；产品特点也适合在广告口号中宣传出来，一般宣扬其区别于其他产品的差异性特点。如果产品没有差异性特点，在广告口号中宣扬

---

① 丁柏铨，蒋旭峰，夏文蓉.广告文案写作教程[M].上海：复旦大学出版社，2002.

某种生活消费方式也可以，这种生活方式跟当下的社会文化心理相关。

其次，注意选择恰当的表达形式，如双短句、偏正词组或者单句式，不同的创作方式具有不同的特点，在创作过程中，创意人员不妨多选择几种表达形式来撰写。

最后，反复雕琢和考量。创作多个广告口号之后，不妨看看口号是否简单清楚，修饰成分是否恰当，表达是否流畅，是否口语化，是否幽默有趣。只有细致地打磨和雕琢，才能创作出广告口号的精品。

广告口号有时候是可以同主标题通用的，但不是所有的主标题都可以拿来当作广告口号，只有那些概括性强，准确而明晰地体现产品或品牌重要信息的语句才能当作广告口号来用。如“上帝创造女人，绝不是一根肋骨的单纯”和“小时候，爸爸是我的银行”这两个只适合当作广告标题来用，而“登峰造极的护肤艺术——GM蔻林”和“正派经营，最亲切的银行——中国信托”这两个既可以当主标题，又可以当口号使用。

第四节　附文

一、附文的概念

附文，又称随文，是广告传达购买商品或接受服务的方法等基本信息，促进或者方便诉求对象采取行动的语言或文字，一般出现在广告的结尾。

二、附文的内容

作为广告文案的有力补充部分，附文的主要内容包括购买商品或获得服务的方法，权威机构证明标志，用于接收诉求对象反馈的热线电话、网址、直接反馈表格、特别说明和品牌（企业）名称与标志等。

三、附文的结构

附文的结构包括两种:一种是从属结构,是指附文中的信息按照主次关系和从属关系分列于不同的层次,每个层次都有一个提示性的语句,各个信息并列于这一语句之下,如在附文中注明“销售代理”,并将所有的销售代理商分列在“销售代理”之下。另一种是并列结构,是指附文中所有信息都并列于同一层次,彼此没有主次和从属之分。

四、附文写作规则

同广告标题和正文相比,广告文案的附文似乎不需要多大的创意,基本上都是一些客观性的信息,但在写作过程中也有一定的规则必须遵守。

这些规则包括:第一,附文要写明受众最想知道的消息。如戴尔电脑,永远都会把价格放在附文最醒目的位置,并把购买方式写得非常清楚。第二,广告附文要条理清楚,表述干净利落。第三,不许出现差错,尤其是作为广告附文中重要信息的联系人、通讯地址、邮政编码、电子邮件、电话号码等不能出现疏漏和差错。

思考题:

1. 结合具体作品分析广告标题的表现形式有哪些。
2. 广告正文在写作时应注意哪些原则或问题?
3. 试举例分析说明广告文案正文的诉求方式。
4. 请为某品牌电视机撰写情感诉求的系列广告文案,要求有标题与正文,不少于3篇。
5. 列举当下你印象最深刻的十条广告口号,并分析其特点。

第三章　广告文案的语言风格

广告文案归根结底是以语言文字的方式和形态存在的，既然以语言形式存在就必然涉及语体风格的问题。所谓语体指的是语言的体式和样式，一般认为语体的分类有各种各样的标准，以语言的表达方式来分，可以分为口语语体和书面语体，书面语体又有科技语体、文学语体、议论语体等不同的类型。我们讨论广告文案的语体与风格问题，就是试图将广告文案回归到纯粹语言的角度，从本体的角度探讨广告文案的写作问题。

第一节　广告文案的语言特点

广告文案因为发布的媒体样式不同，存在着不同的语体形式。书面语体多存在于报纸、杂志、电视等媒体广告中，口语语体主要存在于广播媒体、电视媒体的广告之中。不同的语体在语言特点方面各有不同。

一、广告文案语言的 KISS 公式

广告是一个说服的过程，在广告文案中，它必须给受众一

个接受本产品的理由和借口。在广告文案中，关于产品和服务理由与借口的阐述不是纯粹的说理，实际上，它可能是优美的散文语言，也可能是严谨清楚的说明文，无论如何，它都应该以这三个方面的目标为最终目标，即广告文案的语言是以推销产品、服务或树立品牌形象为传播目标，以对消费者有价值的广告信息为内容，以大众传媒和其他各类媒体为载体。

由此可知，广告文案的文体特征决定了广告文案所传递的一切都必须符合受众的口味，要让他们理解、喜欢、记住。当你坐在键盘前，或是面对纸张的时候，我们试着想象一下，你对面就是那些活生生的消费者，他们也许是你的邻居、你篮球场上的伙伴，或者是你的盛气凌人的老板和你时时惦记爱慕的姑娘，这样的思考就促使你的广告文案有了明确的目的性和针对性。

面对如上的原则，广告文案人员总结出了广告文案语言的创作原则——KISS原则，即“Keep it sweet and simple”，也有人认为是“Keep it sweet and stupid”，汉语的意思是保持语言的甜美和简洁或者愚蠢，其实无论简洁还是愚蠢，其核心意义都是一致的，就是要保持语言的简单明了，千万不要过于繁琐。

甜美是广告文案语言的第一要求，甜美的要求体现为广告文案的语言要具有较强的煽动性和情感性，对消费者说一些无伤大雅的恭维话和好话，如广州珠江新城尚东楼盘的广告文案标题分别是“一群人，荣耀一座城”“与优雅的人，一起优雅地聚居”“需要超越的，永远是自己”“许多楼盘以珠江新城为荣，谁来荣耀珠江新城?”这几条广告文案标题告诉未来的业主，这座城市因为你们的居住而变得荣耀和骄傲，你们自然是这座城市的最成功者，当然只有尚东才配得上你们的地位和品位。

简洁是广告文案语言的另一个重要要求，一方面来源于消费者对繁琐信息的规避和正常反应，另一方面是为了更好地节省广告费，提高广告传播的效率。但简洁不等于一味地追求字数少，认为文案文字越少，越是简洁。这种观点是不正确的。任何时候都要保证自己的语言能完整地表达出广告策划和创意的要求。每一句话、每一个词甚至每一个标点都是必不可少的，同时又不可画蛇添足。

二、广告文案语言的共性特点

1. 适应不同媒体的特点和风格

我们在前面的阐述中提到，不同的媒体特性决定了在这一媒体上的广告文案的语言风格，一般来说，报纸和杂志多使用书面语，电视与广播多使用口语，户外广告多是口号式语言等。如下面雅倩佳雪洁面产品的电视和杂志广告文案：

电视广告文案的语言：

青春佳雪净白洗脸，彻底洗掉污垢和黑头。哇，好晰好白哦。快来洗脸吧。新鲜佳雪新鲜人。

杂志广告文案语言：

标题：青春佳雪让肌肤清爽起来

正文：满面油光，还有几颗起眼的痘痘，平时碍眼，在重要的社交场合，更会让你忐忑不安，严重摧毁你的自信。

佳雪全新推出的青春护理系列针对年轻肌肤经常出现的问题，采用绿茶精华和天然甘草提取物，能收细毛孔，有效控制皮肤油脂分泌，让油光彻底消失！同时还具抗氧化功能，预防和治疗青春痘呢！

新鲜佳雪新鲜人。

在电视广告文案中，使用了大量的语气词，如“哇”“哦”“吧”等，以表达强烈的喜欢和惊喜的感觉；而在杂志广告中，几乎看不到这样的语气词，只出现过一个“呢”。电视广告文案的句子简短、信息集中，杂志广告文案的句子较长、信息复杂。

2.适应不同的受众对象

不同的目标消费人群，所喜爱的语言风格是不一样的。老年人喜欢真诚、亲切、信息明确，年轻人则喜欢语言灵活、生动，甚至具有一定的陌生化和跳跃性。在词语方面，流行语、网络用语更受到年青一代的喜爱，如下面的例子：

标题：美好的生活就是最温柔的报复

正文：你应该穿上最漂亮的衣服去散步遛狗，让街道上迫害视觉神经的建筑物丢脸。

你应该用最奢华的骨瓷餐盘吃荷包蛋，让使用宝丽龙餐具的餐厅有经济危机。

你应该以鹦鹉螺音响听小奏鸣曲，让制造装潢噪音的坏邻居觉得魔音穿脑。

你应该学会做普罗旺斯香草料理，让背叛的情人只能以泡面当消夜。

你应该在晚餐之后朗诵现代诗帮助消化，让八点档 callin 节目的收视率大幅滑落。

您应该隔周换戴不同设计师的墨镜，让对立的意识形态显得盲目。

你应该花三个钟头泡东方药草浴，让城市中的二氧化碳指数下降。

你应该阅读楚辞九歌中的巫仪，让以为看《哈利·波特》就不会变成麻瓜的人变成麻瓜。

你应该到五星级饭店叫江浙外烩，让不懂餐桌礼仪的服务生没有小费可拿。

你应该用法文录电话答录机，让假日找你加班的主管当场哑口无言。

你应该把写满报复拥核人士和前男友的日记本资源回收，让亚马逊雨林继续茂盛繁郁。

尽管用美学将生活经营成全面性的温柔报复工具，打击那些曾经逼迫你内在的外在的丑恶。

这是意识形态广告公司为台湾中兴百货公司所作的平面广告文案。在文案中大量使用了时下流行的词语，如骨瓷餐盘、宝丽龙餐具、鹦鹉螺音响、普罗旺斯料理等，这些词语是追求时尚生活的年轻人所喜爱的。另外广告文案中还创造性地对词语的组合进行了违反一般语言规律和语义规则的安排，这些词语的组合方式具有强烈的时尚特性和个性特点。如“建筑物丢脸”“餐厅有经济危机”“意识形态显得盲目”“将生活经营成全面性的温柔报复工具”，这些语言是年轻人独有的。

3. 适应语种本身的特点

汉语是表意文字，同英文等表音文字相比，汉语具有融形、音、义于一体的特点，在广告创意和广告文案的撰写过程中，我们应充分考虑汉语语种本身的特点，进行文案创作。

如新加坡卫生部的公益广告：“十四是十四，四十是四十，十四不是四十，四十不是十四，没有了牙齿，看你怎么念？牙齿不珍惜，后悔来不及，要重视你的牙齿。”在汉语的发音中，“四、十”这样的词语跟牙齿的关系非常密切，而在其他语种中，其联系可能就没有那么明显了。再如“三个字四个人，保德信的企业理念就是重视人的价值”。这是美国保险企业保德信在台湾地区的广告文案，文案充分利用了汉字的字形特点，注意到了品牌名称“保德信”三个字的偏旁部首特点，并将这一特点同品牌诉求重点结合了起来。广告文案还可以从语义的角度进行创意和文案撰写，如太太口服液的广告文案：“在中国古代文献中，‘太’显极大之意，‘太太’二字叠加，则表示最大，在民间用来尊称已婚女性。在古代朴素的哲学思想里，女性是生命的孕育者，代表了世间万物的神秘起源，因而备受尊崇……”

4. 同非语言要素配合

一则成功的广告文案是以成功的广告创意策略为基础的，而一个成功的创意策略则不仅仅是语言的创意，它更是语言、画面、音响等多种因素的综合。因此，广告文案的语言一定要同其他的广告要素很好地结合起来。

诺基亚手机平面广告文案："迷恋是一种病。诺基亚地图和 GPS 导航，让我对路爱不释手，不迷路了，从此开始迷上路！"平面广告的图片是一位年轻女性痴迷沉醉地躺在人行道上，如何才是"迷上路"，图片中那位女性沉醉的表情最能够说明问题。

广告文案中语言与画面、音响的配合更为明显。如荣获台湾 4A yahoo 创意奖金奖的公益广告《没用篇》，广告片非常简单，三排梯子上并列站着两排人，每人胸前举着一个牌子，每个牌子上有一个汉字，起先的汉字连起来就是"什么都不能跟人家比谁像你一样没有用啊"，并伴随着一个男人呵斥的同期声。而后，人群开始变化，伴随着有规律的脚步声和人群的移动，两排汉字变成了"没有谁能像你一样啊不用什么都跟人家比"，随后在轻松的音乐中，字幕出现"态度改变，孩子的人生也会改变"。在这则广告中，画面、音效与文案字幕相互紧密配合，共同表达了公益诉求的主题。语言是最重要的，但画面和音响的作用也不可忽视。

第二节　广告文案的修辞手法

著名学者陈望道认为，修辞有积极修辞和消极修辞两种，消极修辞着眼于语言表达的通畅、清楚和意义表达明确，是为了完成语言沟通和表达需要的基本的语言要求。积极修辞则是在意义表达准确的基础上追求语言的优美，是着眼于高超的语言表达技巧的手法。[①] 广告文案的修辞手法主要指的是积极修辞，它具体包括如下几种：

---

① 陈望道. 修辞字发凡[M]. 上海：上海教育出版社，2001.

一、夸张

夸张风格的广告语言并不十分在意说明什么，而力求渲染一种氛围，制造一种意境。如“张裕干红葡萄酒”“中美史克”“西安杨森”等广告语言，并不仅仅是在说明厂家和产品，而是追求在连续的音节串中，显现一种流动、一种顿挫、一种格调、一种韵味、一种印象，以吸引人们注意，与人们贴近，让人们接受，使人们认可，激起语音带来的审美共鸣。具体的广告语言要着意在传情，着意于总体的意境氛围。所以广告活动中的两个主体——表达者和接受者，在创作和理解广告及其夸张的语言时，要有整体性，不拘泥于局部。否则，单从字面上去理解夸张就会变成浮夸。

夸张与浮夸是有很大区别的。夸张是成功的形象写意，夸张的言词、夸张的语调要让人一听就是夸张，而不是浮夸。如“今年二十，明年十八”，很明显，这不是真实的。这条广告的成功在于意趣以及意趣的曲折指向——产品，而不在于实话实说。同样这条广告，如果播出来传达给人们的是真真切切的二十岁、十八岁的实感，就失之于浮夸了。浮夸是失败的写实。浮夸总要把话说得很满，结果反倒会给人华而不实的感觉，用在广告中，也不会有很好的效果。再如摩托罗拉手机的广告词，“飞越无限”，这是一种想象中的夸张，它体现了一种勇敢、大胆的想象。在激烈的市场竞争中，摩托罗拉这只手机行业的领头羊被后起之秀诺基亚超过，失去了往日的辉煌。摩托罗拉梦想着有一天重新展开自由之翼，展翅高飞，飞越“无限”，这是摩托罗拉的理想。夸张的言辞已经不再是“夸张”，反而让人觉得有一种雄心壮志跃然而出。

二、比喻

比喻是一种形象化的修辞手段，有极佳的表达效果。比喻实质上是联想的运用,以加强语言的表现力和说服力;比喻总是用人们熟悉的、具体的事物来描写人们不熟悉的、陌生的、抽象的事物,因此,它可以化抽象为具体,化陌生为熟悉,化深奥为浅显,化平淡为生动,能唤起丰富的想象和联想,让人觉得余味无穷。

一个完整的比喻通常由本体(被比喻对象)、喻体(作比喻的事物)和比喻词三部分组成。要构成真正的比喻就必须满足两个条件:一是本体和喻体必须是两个完全不同类的事物;二是本体和喻体之间必须在某一方面具有相似点。因为有电视画面的参与,电视广告文案语言中的比喻形式则有些不同:广告词中一般只出现描述体——喻体,即谓语,而被描述体——本体,即主语,不在广告词中出现,而是包含在画面的"叙述"中,包含在商品品牌名称的叙述中,要了解广告词中比喻的完整内容,必须将电视画面和广告文案语言二者联系起来思考。如"我爱C,我爱漂亮,多C多漂亮"(统一鲜橙C)、"就像白白嫩嫩的杏仁豆腐一样,白白净净"(护肤品)等比喻,字面中没有出现本体,只有喻体,但是,在画面的解读下,电视观众能很清楚地知道它们要比喻的本体是"鲜橙汁"和"白嫩的皮肤"。

具体来讲,比喻在广告文案语言中的修辞效用主要表现在以下两个方面:

一是将陌生的无形感觉变为熟悉的有形实体感受。如某些柔顺洗发水的广告最常用的广告语就是"丝般光滑",头发能光滑柔顺到什么程度,人们没有具体的感受,用人们普遍熟悉的"丝"来比喻头发的柔顺,再加上画面中柔亮头发的实体感受,让人顿时有了实实在在的感觉。再如德芙巧克力的广告语,在形容巧克力入口感的时候,用"丝般感受"这样的比喻,再加上画面中柔滑飘逸的丝绸实体,就把不实在的味觉感触诉之于有形的物质,让人有了切实的感受。

二是将抽象平淡化为具体生动。如某护肤品的广告,"蔬菜要保鲜,水果要保鲜,人的皮肤也要保鲜",采用引喻的形式,形象生动地说明了人的皮肤要像水果和蔬菜一样，保持新鲜。这样的比喻通过对画面中由于没有保鲜而变得暗淡、发黄、脱水的蔬菜与水果的写意说明，把人的皮肤需要保养这个平平淡淡的事情，说得紧迫、重要，让人耳目一新。

在广告文案语言中，使用比喻修辞格，与其他文体中的使用情况有些不同。文艺作品中的比喻是为了描写环境、刻画人物，而广告语言中的比喻是为了树立企业形象和商品形象，描述商品的特性、功能，以增强对消费者的影响力，引起消费者的注意。

三、比拟

按照比拟物和被比拟物的不同，可以把比拟分为人拟物、物拟人和物拟物三大类。因为广告文案涉及的对象一般是一些大众消费品，所以在语言修辞中，人拟物的形式比较少见，物拟人和物拟物两类用得最多。但是一些形象公益广告片却很喜欢用人拟物的比拟格。

由于电视这个传播媒介的特点，广告文案为了突出商品和服务的性质、特点和功能，将商品和服务形象化为具有这些特质的能说会道的“形象”，通过这些形象之口，把商品的用途和特点表达出来。下面两则广告文案就是给商品赋予了生命，通过商品的自我展示、自我介绍，让人对商品的特点一目了然：“我是百丽，百变所以美丽”（百丽鞋业广告），“康师傅，鲜橙汁，嗯，好喝”（康师傅鲜橙汁）。又如华北制药的公益广告词“健康拥抱未来”，赋予了“人体的健康”以生命和人的感情，可以拥抱“未来”。实际的内涵是一些有用的药品可以帮助你保持健康，拥有了健康，才会拥有明天，拥有未来。又如“舒肤佳，爱心妈妈”（舒肤佳香皂）直接就把香皂对儿童卫生的保护拟化为“爱心妈妈”，既贴切又自然，把香皂的作用和妈妈的爱护融为一体，很容易取得女性消费者的信任和关注。

从以上的例子可以看出，比拟具有以下两个特征：其一，就是将某些事物的性质或人的特征转移，即将拟体的某些特征故意转移到本体上，将拟体转移的某些特征与本体融为一体；其二，拟体和本体之间有某种共同点或相似点。广告文案语言运用比拟呈现出来的修辞效果不仅仅是形象鲜明、具体生动的，而且还通过移换拉近了商品和消费者的距离，使得消费者首先在情感上对商品产生了共鸣。但是广告语言也不能滥用比拟，运用时要注意使人和物的思想感情、广告的内容、广告使用的语言交际环境等保持协调一致。正因为有了电视这样独特的表达语境，一些超脱常规、具有诗意般奇特表达效果的广告语言表达形式，如“塑造人类的未来”这样的语言表达，就不难理解了。

四、双关

在广告文案语言中，有一种双关形式叫“同形双关”。所谓的“同形双关”是为适合广告语言这种特殊表现形式而单列出来的一种，它从根本上说是语义双关的一种，也就是说，是词语形式相同的双关。双关词语关涉的表层意思就是“词面”，即宣传的商品、企业和服务品牌的名称；关涉到的里层意思就是“词里”，即商品或企业要达到的目标、追求的品质等。

像“孔府家酒，叫人想家”（孔府家酒），“长城电扇，电扇长城”（长城电扇），“旺旺，让你旺一下”（旺旺食品）等广告使用的就是双关。孔府家酒广告词中的两个“家”字，前一个指的是酒的名称，后一个是因为见到了孔府家酒，便让人油然而生“家”的感觉。仅这一个字，便为整个广告增添了无限的温馨和爱意。这也是广告商追求的一个目标。长城电扇广告词的词面指的是长城牌电扇，词里的意思是长城牌电扇的品质，质量已达到了很高的水准，已经成为电扇行业不可逾越的“长城”，显得很有气势和魄力。旺旺食品这则广告是较有中国特色的广告，“旺旺”这个名字本身就带有好口彩。“让你旺一下”是贯穿整个广告的主题，“旺”字活用为动词，表示使人兴旺发达的意思，这样就把“旺旺”的精神追求大大地提高了一个层次，从而使得“旺旺”突破了儿童膨化食品的界限，很快地让人们产生暖洋洋的感觉，更为追求美满兴旺的生活的人们提供了心理上的满足。

在广告语言中，运用双关的修辞手法，能达到含蓄委婉、意味深长的效果，从而让人们在仔细寻味之后，产生精神上的愉悦感。但是，在广告文案语言中不能滥用双关，要根据商品和企业的商标名的特征恰当地使用，不能勉强为之。在运用上，既要委婉含蓄，又要留有余味，不能扑朔迷离，不知所云。

五、排比

排比是指把三个或三个以上的结构相同或相似，意义相关，语气一致的词、短语和句子排列成串，形成一个整体的修辞格。用这种修辞格可以语气连贯地把企业或商品的经营理念、宗旨、服务以及商品的多种性能和特征表达出来，从而达到内容集中、语义流畅、句式整齐、节奏和谐的效果。如联通广告——“更先进的技术，更丰富的业务，更完善的网络，更优质的服务。”这则广告连用了四个排比句，集中地说明了联通的优秀品质和良好信誉，再加上由浑厚的男低音缓缓道来，让人不知不觉中就对产品产生了信赖感。再如“花皇”营养液的广告词：“汇百花之精，集自然之灵，采众家之长”，三个动宾短语的排列，既有语言的魅力，又集中表达出产品的特色，无论从气势上，还是从语言文采上，都显得胜人一筹。在广告文案语言中运用排比，再加上配合语言内容的画面，不仅能使整个广告气势连贯、整齐划一，还能增加语言的节奏感和韵律美。

排比可以分为并列排比和递进排比，并列排比是指几个排比项之间没有主次之分，传达的信息不分重要和次要，共同服务于一个目的。递进排比则是指几个排比项之间存在着时间或者语意上的承接和递进关系。

如绿色和平组织号召人们拒绝使用一次性木筷的平面广告文案：

泡桐长成材需要2年

榆树长成材需要5年

杨树长成材需要7年

桉树长成材需要10年

柳树长成材需要15年

樟树长成材需要18年

水杉长成材需要20年

落叶松长成材需要23年

银杏树长成材需要30年

枫树长成材需要40年

桦树长成材需要50年

橡树长成材需要60年

……

我变成垃圾只要1顿饭的时间

中国每年消费450亿双一次性木筷，相当于砍掉2500万棵成年大树。从下顿饭开始，拒绝使用它。

广告文案中用了12个句子构成并列性排比，说明一棵树木的成长过程非常不容易，这种不容易同人们使用一次性木筷、浪费树木资源花费的短暂时间做出对比，号召人们放弃使用一次性木筷，以保护有限的森林资源。

六、引用

随着欣赏水平的提高，人们对广告文案的要求也越来越高。这就使得广告文案语言必须注意修辞，提高表达效果，这样才能吸引消费者，吸引观众。为了增加语言的内涵和艺术表现力，广告文案语言中常常引用一些与广告商品的品质、内涵息息相关的富有深厚文化内涵的古代诗文、成语典故、格言警句等材料。一般来讲，引用可以使广告语言显得工整精炼、古朴典雅，具有很强的说服力。下文还要讲到广告文案中文化这一语境对广告语言的影响，其最主要的表现形式就是在语言中引用一些富有人文内涵的东西，这里就先不赘述了。

先看几个比较典型的例子：(1)“一年之计在于春，一日之计在于晨，美好的一天由‘冬凌草’开始”(冬凌草牙膏)；(2)“润物细无声”(中国昆仑润滑油)；(3)“举杯邀明月，共饮广寒宫”(广寒宫啤酒)；(4)“年有四季，地有四方，剧有四档”(央视栏目推广广告)。例(1)引用了中国古代的谚语，在清晨优美的画面中，人们由开心快乐地刷牙开始了新的一天，这样的过渡贴切自然。例(2)的画面先是一个由于干涩而转动困难的陀螺，接着出现了一个旋转流畅迅捷的陀螺，声音也变得圆润动听，随之道出“润物细无声，中国昆仑润滑油”，在古诗词优美的韵味里，产品的特点和性能彰显无余。例(3)把李白《月下独酌》中的诗句组织进广告文案语言中，同时在电视画面内配以写意的水墨画和古朴典雅的曲调，使得整则广告清新典雅、趣意盎然。例(4)把内涵丰富的民间俗语引用到电视节目推广广告中，并采用了拈连的手法，使得整个语言流畅生动，易于记忆。

七、对比

广告文案中运用的对比，包括横向对比和纵向对比两种。用这两种方法可以把一些商品或企业的服务、特点进行比较，或是把同一产品的过去和换代产品进行比较，从而很鲜明地把事物的好与坏、美与丑、高与低等对立面揭示出来。俗话说“有比较才有鉴别”，做过比较后，人们对该事物就会有一个深刻而鲜明的印象。如泸州老窖的广告，“你能看到的历史 124 年——

（画面加字幕）照相机发明于1877年；你能听到的历史162年——（画面加字幕）留声机发明于1839年；你能品尝到的历史428年——（画面加字幕）泸州老窖始创于1573年。泸州老窖，国窖酒。"这则广告把三种具有百年历史的事物放在一起进行对比，从"看"到"听"，再到"尝"，一个比一个历史长，最后历史最悠久、酿造技术最精良、品质最高贵的泸州老窖，成为"国窖酒"，表达效果强烈而鲜明。又如"唐时宫廷酒，盛世剑南春"（剑南春酒），也是通过自身悠久历史的对比，把处在不同时期拥有不同表现的一种事物表现得淋漓尽致，让人印象深刻。

八、象征

说起象征在广告文案中的运用，就不能不提及以"白沙烟"为主的白沙牌系列广告——"鹤舞白沙，我心飞翔"。在广告画面中，一位身穿白衣的成年男子，在滨江的白沙滩上，追逐着几只从草丛中起舞飞翔的白鹤……面对这样的意境，人们通过想象和联想可以领会到一些象征的意义：展翅飞翔的白鹤志向远大，就像白沙产品的发展一样前途远大。这样的广告把情、景、意、境有机地结合在一起，不仅能给人以深刻的启发，还能带来丰富的寓意，使人获得意味无穷的艺术美感享受。随后经过时间验证后的白沙，更新了广告的主题："这一刻我飞了起来。白沙珍品，珍品白沙"，用写意夸张、回环反复的手法，在同样的画面意境中，表现出经过"展翅飞翔"后的白沙终于更上一层楼，"珍品"就是见证。这样前后相继的广告，把画面和语言的象征意味显现无余。

在广告文案中，将画面与语言文字结合起来，使用象征修辞格，就是在进行艺术意境的创造。而这种意境是通过一些非常直观、具体、实在的事物或形象来表现的，这些平凡的事物或形象经过精心的设计，就会散发出韵味无穷的魅力。如中央电视台广告部推广广告，"每个人都有一个舞台。心有多大，舞台就有多大”。在电视画面中，一位中国姑娘穿着传统的红色大襟棉袄，在欢快地跳着优美的舞蹈，场景由白雪皑皑的小山村延伸到水泥钢筋的都市广场，从古香古色的天坛广场延伸到高楼林立的都市上空，场景一直在延伸，延伸……这样的情景转换已经不再单纯，配合着那浑厚的中音道出的广告主题语，它们已经转换为一种象征：在本土化的中华大地上，央视广告部能让你的想法、你的产品，无限延伸……这样的寓意已经充分把广告部的作用展现出来，同时，也在人们的心目中留下了无尽的想象空间。同样的广告还有武汉红金龙实业集团的“思想有多远，行动就有多远”，以及云南红塔集团的广告语“山高人为峰”，意境和央视广告部的广告异曲同工。

九、反复

某一个词语在广告文案中反复出现，就构成了反复。广告中的反复修辞格或者用来强调产品的某一利益点和特性，或者通过反复的词语和句式构成气势，强调某一观念，增强人们的信心。

如绿色和平组织号召人们拒绝使用塑料袋的公益广告文案：

你不在了

你孩子不在了

你孩子的孩子不在了

你孩子的孩子的孩子不在了

你孩子的孩子的孩子的孩子不在了

你孩子的孩子的孩子的孩子的孩子不在了

你孩子的孩子的孩子的孩子的孩子的孩子不在了

你孩子的孩子的孩子的孩子的孩子的孩子的孩子不在了

你孩子的孩子的孩子的孩子的孩子的孩子的孩子的孩子不在了

你孩子的孩子的孩子的孩子的孩子的孩子的孩子的孩子的孩子不在了

……

我还在!

塑料袋完全分解需要数百年,趁你还在,拒绝使用它。

在这篇广告文案中,大部分词语都在反复重复着“你的孩子”以及“不在了”,这种强烈的反复句式同最后的文案“我还在”构成强烈的对比,具有强烈的冲击力,使得普通人群对塑料袋的危害有了深刻的认识。

十、通感

在特定的对象面前人们的各种感觉器官临时打通,用触觉去体会味觉、用味觉去体会嗅觉、用听觉去感受视觉的内容等。通感在广告文案中能够充分调动人们的想象力,产生丰富的联想,从而对产品或者服务留下深刻的印象。

德芙巧克力的广告语为“丝般感受”,这句话就是典型的通感修辞手法,本来巧克力的口感应该是用味觉来感受的,但丝般的感受却是触觉的。国外一个糖果品牌的广告语是“你含有月光般的温柔”,糖果的直接体验也应该是味觉的,但月光给人的却是视觉的感受,这是通感的结果。黑人牙膏的广告文案也充分利用了通感的手法。如:

仲夏去兜风,漫山遍野都是绿。

这般清凉舒畅,就是黑人牙膏的感觉。

仲夏去兜风,海阔天空都是蓝。

这般清凉舒畅,就是黑人牙膏的感觉。

仲夏去兜风,晴空万里云留白。

这般洁白清新,就是黑人牙膏的感觉。

在这里,文案将漫山遍野的绿、海阔天空的蓝、晴空万里的云这三种视觉感受，同黑人牙膏清新舒畅的味觉感受很好地联系在一起，表达了黑人牙膏带给消费者的良好感受。

第三节　广告文案的后现代主义手法

人类社会自工业革命后进入了快速发展的时代，即所谓的工业化时代，崇尚机器和标准化、规划生产，工业化时代发展到极致，机器又成了约束人、限制人的禁锢，成了理性过度的代名词。伴随着反思机器和规模化、标准化的思潮，整个社会进入后工业化的时代，整个后工业化时代是以消费为核心的社会，强调娱乐性、商业性和消遣性，倡导打破规则和理性，在这个社会里，各种各样的反思现代化的思潮以后现代主义的名义涌现出来，并影响到了人类社会的方方面面，同样也给社会商业文化尤其是广告刻下了深深的印记。

一、什么是后现代主义

后现代主义最初产生于20世纪四五十年代的建筑领域，表示有不同于传统的个性化风格。到了60年代，表现为一种文学文化现象。60年代之后，作为一种文化思潮波及世界范围。后现代主义作为信息时代的产物，对现代主义进行了改写和颠覆。北京大学王岳川教授将其归纳为反中心主义、反权威主义、反启蒙主义、反本体论神学、反主体性、反形而上学等特点，并呈现出非深度性、多元共生性、思维的否定性、消解权力话语的特征。它源于现代社会出现的文化霸权和信仰危机而涌现出的一种反思理性的精神生存状态。

具体来说，后现代主义文学表现为如下几个方面的特征。

第一，彻底反传统。后现代主义文学不仅仅反“旧的”传统，对于现代主义文学试图建立的“新的”传统也彻底否定。在后现代主义者眼中，文学和艺术应该是建立在对现有秩序进行解构的基础之上的。后现代主义文学不依托任何死去的或活着的理论。在体裁上，对传统的小说、诗歌和戏剧等形式乃至“叙述”本身进行解构。因此，后现代主义文学是一种“破坏性”的文学，即某种意义上的“反文学”。

第二，后现代主义摒弃所谓的“终极价值”。后现代主义者认为一切传统意义上的崇高的事物和信念都是从话语中派生出来的短暂的产物，不值得“真诚”“严肃”地对待。客观世界和人自身都被异化了，历史失去了方向和意义，社会体系不可改变。后现代主义作家不愿意对重大的社会、政治、道德、美学等问题进行严肃认真的思考，他们不仅无视人们对这些问题的关切，甚至无视这些问题本身。他们不再试图给世界以意义。

第三，后现代主义文学崇尚所谓“零度写作”，反对现代主义关于深度的“神话”，拒斥孤独感、焦灼感之类的深沉意识，将其平面化。在后现代主义文学中，写作消除了内容，转向“写作”自身。作家仅仅把话语、语言结构当作自己为所欲为的领地，写作成为一种纯粹的表演、操作。例如，后现代主义作家往往蓄意让作品中的各种成分互相分解、颠覆，让作品无终极意义可寻。

第四，后现代主义文学蓄意打破精英文学与大众文学的界限，出现了明显的向大众文学和“亚文学”靠拢的倾向。有些作品干脆以大众的文化消费品形式出现，试图模糊文学与非文学的界限。在文体上，惯用矛盾，表现为文本中各种因素互相颠覆；使用交替，即在文本中，对于同一事物的不同可能性的叙述交替出现；重视不连贯性、任意性和极度，就是有意识地过度使用某种修辞手段以达到嘲弄它的目的；利用短路，即运用某些手段使对作品的阐释不得不中断；反体裁，即破坏体裁的公认特点和边界；话语膨胀，即把在文学创作中一直处于边缘地位的话语纳入主流后现代主义文学。利用这一系列手段，使得读者对作品的解读困难重重。

在广告文案的创作中，写作者尝试将后现代主义文学的种种创作手法应用其中，表现产品背后饱含的丰富的精神气质和文化意蕴，将后现代主义的创作风格与商业产品的精神气质很好地融合在一起，表现出强烈的风格化与艺术性。

二、后现代主义的广告文案手法

从广告内容上看，后现代主义广告文案脱离了产品的物质属性，侧重于传递价值取向，尤其是由消费行为带来的价值感。广告内容与产品本身严重脱离，更不强调产品的物质功能。这类广告文案适合于差异化很小的产品。在广告形式上，后现代主义广告文案具有强烈的美学特征，风格鲜明，具体体现为语言的背离与陌生化，文案词语的不连续性与非确定性，以及字里行间透露出的非理性。

广告语言陌生化是指在广告写作过程中，突破语言的固有约定，超越日常语言传播的常规习惯，重新构造语言的事实陈述方式，瓦解人们对语言的常规反应，从而唤醒人们的感知力，引起人们的注意，引发人们的探究行为，通过无意注意向有意注意的转化，来促使人们充分理解广告的主题和内容。“陌生化”是俄国形式主义理论的一面旗帜，该理论成熟于俄国文艺理论家什克洛夫斯基，其实质在于不断更新我们对人生、事物和世界的陈旧感觉，把人们从狭隘的日常关系的束缚中解放出来，摆脱习以为常的惯常化的制约，使人们即使面对熟视无睹的事物也能够不断有新的发现，从而感受对象事物的异乎寻常、非同一般。“陌生化”的主要审美标准是新异或惊奇，即审美心理中的新奇感和惊异感。“陌生化”的意义正在于瓦解艺术形式和语言方式运作上的自动化和心理上的惯性化，从而重新构造我们对世界的感觉，把一种奇异的与实际生活完全不同的现实展现给我们。因此，“陌生化”语言这一具有创新品格的语言受到了人们的重视。如“快艇犁开了水面”“河水无力地伸着懒腰”“时间似乎已经睡去，潭水碧澄无声”“小松鼠自由自在地啃着阳光”这类句子。在这些句子里，主谓搭配以通用的语义规则来判断可能有些歧义，但就艺术效果来说，却具有强烈的艺术感染力和美好联想。

广告作品也是一样。一般来说，一部广告作品给受众感官的冲击力越强，在受众记忆中逗留的时间越长，其宣传效果就越好。语言是人类表情达意最便捷有效的工具，优秀的广告创作人员特别重视提炼广告语言。后现代主义广告文案更是频繁使用语言“陌生化”技巧，有意识地采用打破一般语法、构词规则的超常手法，使广告词更加引人注意，在一定范围内产生轰动效应，从而强化人们对广告内容的记忆，在客观上大大提高了产品的知名度。

广告语言的陌生化主要是通过语义的超常搭配来实现的。语义超常搭配是指打破语词之间固有的搭配方式，使新的语词搭配方式呈现出一种超越常规的语义关系，从而引起受众的好奇，让其进一步探究广告的内容。如东芝电器广告文案：

标题：食物会以你对待它们的方式回报你

正文：不知为什么，每次按食谱做菜一定失败。培根、火腿、青椒切成1.5cm，盐1/2勺，大蒜一瓣，培根炒油再加入饭，高汤……明明按照步骤来，结果就是难吃。奇怪的是，你炒的菜看起来很快乐，一副吃了就不必补充维生素的样子。吃你的海鲜意大利面，总让人联想到蔚蓝海洋的清新舒畅。食物好像会被你催眠，而尽情释放美味，“为什么就算是昂贵的松阪牛肉，冷藏不当就会把它的新鲜味道收藏起来，不管火候、刀法要非常温柔，因为人对食物好，食物也不会忘掉。”

早上8点10分，吃着用心冰在冰箱中的自制蔬果，一种新鲜的幸福感滑进了胃，我开始相信，“食物会以你对待它们的方式回报你”。

“食物”在这里被赋予了主体意义，它不再是被动地接受，而是具有主动性，尤其是“会以你对待它们的方式回报你”一句，不符合语义规则的词语搭配却个性地体现出了人与食物的对等和密切关系这一鲜明主题。

再如：

标题：夏天在五月二十日推翻了春天的政权

正文：迷你裙在艳阳下示威，凉鞋在鞋架上联署完毕/泳衣主张解散毛衣，衣柜要求全面改选/有心人士借着流行的路线之争，发起品牌的阶级革命/防晒油则忙着制定夏季革新时间表。

价格悬挂布条揭竿起义，Teddy Bear 出来拥抱群众/999 项新品在西门町前集会游行/夏天在五月二十日，推翻了春天的政权。

在这篇中兴百货广告文案中，一系列的语义搭配都具有强烈的超常规和陌生性，“迷你裙”在“示威”，“凉鞋”要“联署”，“泳衣”解散“毛衣”，“衣柜”“全面改选”，“防晒油”在制定“时间表”，“价格揭竿起义”，“Teddy Bear 拥抱群众”等，一系列的无生命物质在文案中拥有了生命，并实施了一系列的政治行为。广告文案将消费同政治巧妙地结合起来，表达了泛政治环境下，消费者对于政治的厌恶反感和对于消费主义至上的追逐和偏好。

从广告诉求角度看，后现代主义广告文案是一种特殊的感性诉求广告。它着眼于商品的价值，主要是指对使用者的心理价值。但它并不简单地提倡家庭成员、朋友之间的感情，而是提倡自我的意识消费，挖掘受众内心。由于广告传递的消费者主张贴近消费者的意识形态，又通过标新立异的方式体现，很容易被消费者接受并流行开来，它往往能够帮助消费者表达出原本想要表达的东西。

后现代主义广告文案注重与消费者的价值沟通，试图通过影响目标消费者的生活态度和价值取向，影响消费者的消费行为。以台湾意识形态广告公司创作的中兴百货广告文案为例，它在字里行间通过文字和创意努力使品牌所体现出的生活态度与价值取向和目标消费者在意识形态领域取得默契，品牌所涵盖的商品必然更乐于被目标消费者使用，这在众声喧哗的媒介环境下，在消费者普遍对泛滥的硬性销售广告和极尽诱惑的品牌广告予以抵制的情况下，产生了良好的广告效果。同时，后现代主义广告文案体现并引导着消费者或清晰或模糊的生活态度和价值取向。由于这些主张贴近消费者的意识形态并且标新立异，因而容易被消费者接受，如中兴百货广告文案的“我爱流行，所以我存在”“时尚经济学不是自由竞争，是抢先寡占市场”“财富重分配是别人没买到衣服，而你统统购并”“幸福就是一群姊妹淘和一块好布料”“衣服是这个时代最后的美好环境”“时尚患者的强力春药”，以及“中国时报”的“知识使你更有魅力”等，以此平息消费者对若即若离地隐身其后的品牌和商品的抵制情绪。中兴百货因此成为台北品牌与地价比值最高的百货公司，而且百货公司这个商业空间概念亦已成为台北一类人的消费情境典范。在中兴百货的广告文案里所体现的当下文化背景常常从广告中脱离出来，从广告策划、广告创意目标中脱离出来，风格即可提升品牌形象，创意表现可以完全场景化、仪式化，这个场景化和仪式化符合中兴百货的品牌特征：百货公司即是一个时尚、流行、充满诱惑的“欲望场”，而消费则是物化的仪式，是消费主体具有支配权的文化行为，是流行、时尚、政治等意识形态仪式化的表现。

以中兴百货为代表的后现代主义广告文案，在这个文案表现力日益苍白无力的年代，无疑为文案的创作注入了一支强心剂，拓宽了文案的表现空间。但即便是这种与传统文案创作相隔甚远的文案，依然遵循了广告策略，在策略的指导下进行创作。中兴百货的商品大多以世界品牌与岛内流行服饰为主，目标消费者为25岁到40岁的上班族、雅痞、贵妇或台北社交圈的名流，受教育程度比较高，其中以女性居多。她们追求独立、个性和新鲜事物，崇尚消费的品位与多元化，对于服装的要求不仅仅停留在物质层面，更多的是精神层面，消费行为感性化。因此，中兴百货力图塑造“时尚”“感性化”的形象。正是因为对目标消费者的生活方式和精神状态的准确把握，文案一出，便俘获了许多消费者的芳心。试想，这样的文案创作给上了年纪的大妈看，她们会作出什么样的反应。所以文案的创作一定要奉行一个首要的原则“先求对，再求好”，即先要保证策略正确，然后再追求作品本身的品质。

三、典型作品赏析

1. 台湾中兴百货广告文案

标题：对自己的无知很无知，曾经在昨天流行

正文：微重力(microgravity)、X光结晶学(crystal)、镜像期(mirror)、电浆荧幕(plasma screen)、普朗克能源(plank energy)、多重宇宙(multiverse)、布伦贝里文人圈(Bloomsbury)、生殖系细胞疗法(germ-line therapy)、罗摩衍那(Ramayana)、年龄基因(age gene)、邶风、拖雷多景色(view of Toledo)、南方古猿(Australopithecus)、体组织工程学(tissuse engineering)、文法的喻况(grammatical figure)、黑暗物质(dark matter)、高超人(met humans)、磁性局限(magnetic confinement)、诗辩(an apology for poetry)、平行对照(parallel-ism)、历史风景画(historical landscape)、明湖居听书、中界躯体(lamina bodies)、样态主义(mannerism)、符号方块(semiotic square)、音素(pho-neme)、外层语境(enunciation)、辩证学(dialectic)、视觉政权(scopes re-gime)、刺点(pomatum)、盐铁论、古希腊数学(Ancient Greek mathematics)、舞论(Natyasastra)、灵鬼簿、通俗剧(melodrama)、咆哮乐(bebop)、Ibiza、影响精神药物(psychotropic substance)、稗海纪游、天体物理(astrophysics)、道卡斯族(Tanoaks)、几何(geometry)、奥玛·哈央姆(Omar Kayak)、隐修制度(momasticism)、阿尔发新文明(Alpha Centauri)、语意学(semantic)、建筑构件之反立方体手法(anti-Cubic)、萨满旅程(Shamanic journey)、薄伽梵歌(Bhagavad-Gita Gait)、新异教(Pagan Glossary)、白霉乳酪(white mould cheese)、扁锹形虫研究(kirsches study)、完形论(gestalts)、星盾海胆(anatomy)、解剖学(anatomy)、昆曲、认识论(epistemology)、角论扮演游戏(role play game)、古生物学(paleontology)、余姚腔、代数(algebra)、水文学(hydrogeology)、集合体(polymer)。

因为遗忘的可能比学过的多,所以自我改造将成为21世纪最时尚的事。但即使以每秒2位元的学习速度,每天持续12小时,经过7个世纪,你的脑力记忆体达到30亿位元,却连5寸磁碟片也装不满。关于学习要永远谦虚。

这是中兴百货企业形象文案,作者列举了大量不同学科的术语概念,以此说明未知世界的辽阔,说明人类应该永远不满足于现有的知识和状态,应该永远处于自我改造的过程中,而自我改造既有精神领域的,也有外表领域的,而外表领域即是服装。

以美好的生活来反击丑恶的现代社会给人造成的伤害和冲击,这几乎是中兴百货广告文案经常利用的创意主题。

标题:正因为有大灰狼,小红帽必须要有更妖娇的小红帽

正文:欲望森林/盛装的女人/令狼群失去威胁性/当她擦香水/当她敞开衣襟/当她主动放电/她才不需要讨好谁/而男人自投罗网/对魅力的自觉/让她感到愉快/两性不再注定/弱肉强食/它根本就是/女、人、的、地、盘/她微笑说:对我而言/花五个钟头/穿着打扮/或/是爱一个人都不过分。

文案中的女性有了充分的自主意识,颠覆了童话中被大灰狼欺负的软弱单纯的小红帽形象,号召女性在两性关系上表现得更为主动,甚至主动出击,而不是被动接受。广告影响很大,受到了许多消费者特别是女性消费者的追捧,并荣获了第20届台湾时报奖最佳平面广告金奖。

2.诚品书店广告文案

标题:有梦就是孩子·新儿童乐园十月开张

正文：

把捷运当云霄飞车。

穿上直排轮鞋就是现代哪吒。

旋转木马是村上春村的心灵马术。

刺青贴纸是高龄婴儿的新胎记。

对漫画愈老愈不能免疫。

从格林童话找到对待情人的新方法。

芭比是最小的大人,老来子是最老的小孩。

梦想是不老的保养品,有好奇心才能继续长大。

诚品儿童新乐园,没有身高上限,

给想长大的小孩,不想老的大人。

十月二十四日至十一月二日入园期间

一律九折儿童价。

标题：一九九七·新儿童宪法

正文：

新儿童哲学

从今天起向孩子们看齐,

以他们的高度放大万物,

透过他们的双眼重新用一种

简单的方式看世界。

新儿童假期

每个大人都需要小孩来恢复青春和想象力,

陪孩子一起返老还童期限：

十月二十四日至十一月二日晚上十二点

新儿童庆典

音乐会、现场演唱会、纸风车儿童剧、佛朗明哥舞、布袋戏台、娃娃屋展、袖珍博物馆。

今天孩子最大，诚品敦南馆竭尽所能，延长所有人的童年时间。

这是诚品书店敦南店周年庆儿童馆开幕的两则广告文案。关于这篇文案的创意，作者李欣频写道："小时候，用十块钱坐一次旋转木马，听一首机器儿歌，转动着全世界和童年。现在诚品开放五个楼层，扩大快乐半径，以童话创意改装，变身成一座童年旅店，让大人的童年追着孩子的童年，童言无忌，一起疯狂。玩得再晚，都不会有人怪你太晚回家。趁着好奇心还在，梦想还没变老，把灵感发射升空，这里就是您永远的童年馆！"

标题：诚品台大分校，创立宣言

正文：

人造气候学系。

民众音乐社会学系。

原子咖啡学系。挪威森林学系。

声音记忆学系。城乡互玩学系。

网际网路学系。文化劳工学系。

神话真理学系。事件剧场学系。

经济动物学系。植物保养学系。

唯物辩证学系。工业神权学系。

耳语感染学系。票房生存学系。

时间预言学系。虚拟经验学系。

儿童福利学系。文化家具学系。

放射性情绪学系。

颜色心理学系。

野兽派官能学系。欲望学系。

美感殖民学系。食物政治学系。

回忆统计学系。世纪末权利学系。

文字能量学系。英雄橱窗学系。

蒙太奇运动学系。

文化裁缝学系。身体气象学系。

一九九六年六月，新生南路上全面杰出学术派系疆界，

生活软体上市，智慧流通市场重整，

诚品书店台大店，全馆开幕。

这是诚品书店台大店开幕的广告文案，关于这篇文案的创意思路，李欣频写道："打破六十八年学院疆，扩张台大的知识影响力，特于新生南路三段，台大侧面口成立诚品台大分校，在原校园外增设艺术、人文、生活的思考领域，成立观念美术学系、左派建筑学系、风格生活学系、挪威森林系、SWATCH时间学系、马汀大夫学系、班杰尼儿童学系、银镇人体装饰学系、另类音乐学系，入校者并享有免图书证新书阅览室、最新艺文事件展演中心。学院派里没有的新学院，为期165天的智力秘密建校行动，台大分校将成为台大文化圈中改革思想、另类文化、前卫艺术的新兴发源地，6月15日开学典礼，您将成为诚品台大分校的荣誉创始校友，'全台'诚品各大分校，同步承认您的智慧学位！"

3.意识形态广告公司广告

标题：20世纪最有影响力的人物，可能是21世纪最没有影响力的人

正文：

如果20世纪的影响大师活在21世纪

凡·高可能是整日坐在办公桌前的电脑绘图师

尼采可能是宣称老板不在家的超级推销员

李小龙可能是高级私人健身房的专属教练

三岛由纪夫可能是日本偶像剧里的第二男配角

萨特可能是拒绝二手烟的文宣代言人……

在网络入侵、情报袭击全球的21世纪，

人类面临最大的文明革命，

所有的沟通、思考、消费、价值观迅速改变

广告更无法再紧抱着旧经典进入未来。

赫塞说："前天还是神圣的事，今天听起来已经变得几近滑稽可笑了。"

不要穿着21世纪的高跟鞋走着20世纪老奶奶的路线。

文案以对比的方式，戏剧化地向人们展示新时代不同于旧时代的形势特点和价值观念，倡导在新状态下的广告创意与设计的创新，表现广告公司的新时代面貌和创新精神。

标题：我们发现台湾有4亿人口

正文：比利是个朝九晚五的贸易公司业务经理，晚上则是兼差的无线电计程车司机。他是王妈妈的儿子、娃娃的舅舅和大卫的表弟；在网络购物时，他是不眨眼的闪灵刷手；在号子里观察股票指数时，他可是精打细算的投资人；上了电脑色情网站，他则是个想象力丰富的匿名色狼；而约会时又变成了某个女人的最佳男主角……在网络化的未来社会里，一个比利在不同的情境中可能是数百个不同身份的比利。

我们看到的台湾并不是你认知的2000万人口，而可能是4亿人无疆界市场。所谓独具慧眼，不只是指看到什么，更是指观察世界的敏锐角度。对我们来说，这不只是眼力，而是一种能力，不要用20世纪的眼睛观看21世纪的风景。

文案在告诉客户意识形态广告公司对消费者全面而深刻的了解和洞察，这些了解和洞察是独特和全面的，它能帮助客户更好地进行产品定位、宣传以及同消费者的多样化沟通。

4.“中国时报”广告文案

标题：知识使你更有魅力

正文：你倾斜45度角看报的姿势有形而上学的气息，从北爱和平协议，到基因复制，到圣婴现象，你关注世界的程度令人嫉妒。在超文本的网络社会，你是欲望的解放者，在混乱的现实中，你的言语带着拘谨的魅力，看你阅读时的专注让人恨不得变成文字，你觉得思考就是一种性感，而学习才是你永远青春的秘密。我爱你。

聪明人用知性保持致命的吸引力。资讯，聪明，优势，“中国时报”。

标题：知识使你更有魅力

正文：没有一种优雅比你看报的姿势更优雅，你对世界的了如指掌跟你的爱情态度有关，你能一眼看出MADONNA的MTV摆设MARC NWEW-SON设计的家具；同样在衣服上使用金属，你就是觉得DIRK BIKKEM-BERG比PACO RABANNE更具节奏性；世上的牙膏对你而言是一套文化观察的分类典范，跟酷斯拉比起来，你笃定细菌才是未来世界的终结者。阅读让你的眼睛为之勾魂，让人恨不得化作文字，与你相遇，你最最性感莫过于你思考，而学习才是你永远青春的秘密。我爱你。

聪明人用知性保持致命的吸引力。资讯，聪明，优势，“中国时报”。

5.东芝家电系列广告文案

标题：白衬衫

正文：她整理衣柜时发现他没有带走的白衬衫。她以为原本与他有关的东西已经完全离开她的生活了。白衬衫除了樟脑外，还有一种他身上惯有的香烟气味。

她开始发愁衬衫怎么处理。“就洗掉吧，反正都过去了。”她看着白衬衫和她的衣服在洗衣机里周旋着。

她晾着洗干净的衬衫闻了闻，除洗衣剂的清香以外，似乎还残存着一些他的味道。

她松了一口气，再好的洗衣机也洗不掉记忆。

标题：电冰箱再袭击

正文：连续三天，早上打开冰箱，里面竟然空无一物，昨晚从超市买回的一大堆食物都不翼而飞了，只剩散乱一地的包装纸。她开始怀疑是附近的流浪汉闯入家中，但她没有报警，而是买了更多的食物，睡前仍把冰箱重重封锁，她认为这下该万无一失了，不料隔天发现冰箱又被洗劫一空。她不禁怀疑冰箱自盗，偷吃她的食物，不过这个可能性她很快就排除了，因为就算她拔掉冰箱的电源，同样的事故照样发生。第七天，她决定报警，警察在她家装上摄像机，终于抓到了偷吃食物的窃贼，就是她自己，她每天晚上梦游到冰箱前狼吞虎咽，吃光食物，然后心满意足地回到床上继续她的美梦。

接受治疗时，心理医师告诉她："你应该感谢冰箱，你的冰箱在夜里静静地填补了你白天的空虚和不满。"

标题：真实一瞬间

正文：在玛丽莲·梦露快要晕倒的一刹那，他伸手接住了她。当芭比的盛宴推出最后一道甜点时，她的舌尖尝到了鲜奶油融化的香草气味。

眼见德古拉伯爵逐渐逼近的阴冷尖牙，他不自觉地摸着脖子。看到丰村悦司和山口智子接吻，她的呼吸被夺走了。

什么是真实？是无法掌握的现实结构。而什么比真实还真实？是梦想所构建的真实。

是 TOSHIBA DVD 影音世界构筑出的瞬间感官美，欲望与潜意识的梦幻天堂。

标题：高科技拜物

正文：他在东京新宿三目买了银雾塑钢材质的新一代数码相机，分辨率1204×684，一次可拍128张。

他因为银灰色塑钢材质的立体切线，买了一次可剪12音轨的电子编曲机SEQUEENCR。

他为他纯白色人造聚酯的PLAY STAION添购了同色系的六度空间鼠标、超微态方向盘、360度动态模拟摇杆。

他总是着迷于科技产品的超现实线条、质感所构成的低限美学，于是，他最近又迷上了雾金与黑色相间，完全黄金比例切割，超低限极简主义的TOSHIBA DVD。

"家电与人的关系"是本系列作品的主题意义。现代人的生活与家电有着各种互动，在人际疏远的现代，家电扮演的角色不再是冷冰冰的功能需求。它可能成为人们的精神寄托，或者生活上的伴侣，甚至深藏着一段情感故事。文学性叙事，将家电人性化。的确，生活中可以没有情人、邻居，却不能没有电冰箱、洗衣机、DVD。

思考题：

1. 阐述广告文案的KISS公式，并举例说明。
2. 广告文案的修辞手法有哪些，试举五例详细说明。
3. 分析后现代主义广告文案的语言特色。
4. 搜集整理台湾意识形态广告公司作品，仿照其特点撰写一篇广告文案，品牌自定。

第四章　平面广告文案写作

现代平面广告是以媒介形式为特征的广告类型界定，主要包括报纸、杂志、户外海报、样本册、DM单等多种形式。平面广告力求在二维媒体环境下实现广告诉求主题的传播和品牌形象的形成，因而具有较为一致的特点。当然随着经济的迅速发展和技术的进步，技术和经济能力也为信息传达方式的日益丰富提供了充分的物质条件。进入21世纪以来，新的广告媒介形式不断地涌现，报纸广告和杂志广告作为传统的媒体形式的代表，在新的形势下具有新的特色，平面广告文案创作也要遵循新的规律和形式。

第一节　报纸广告及其文案写作

在传统四大媒体中，报纸无疑是数量最多、普及性最广和影响力最大的媒体。报纸广告几乎是伴随着报纸的创刊而诞生的。随着时代的发展，报纸的品种越来越多，内容越来越丰富，版式更灵活，印刷更精美，报纸广告的内容与形式也越来越多样化，所以报纸与读者的距离也更接近了。报纸成为人们了解时事、接受信息的主要媒体。

一、报纸广告的特点

1.传播速度较快，信息传递及时

对于大多数综合性日报或晚报来说，出版周期短，信息传递较为及时。有些报纸甚至一天要出早、中、晚等好几个版，报道新闻就更快了。一些时效性强的产品广告，如新产品和有新闻性的产品，就可利用报纸，及时地将信息传播给消费者。

2.信息量大，说明性强

报纸作为综合性内容的媒介，以文字符号为主、图片为辅来传递信息，其容量较大。由于以文字为主，报纸说明性强的优势明显，可以详尽地描述，对于一些关心度较高的产品来说，报纸因其说明性强的优势可详细告知消费者有关产品的特点。

3.易保存、可重复

由于报纸的特殊材质及规格，相对于电视、广播等其他媒体，报纸具有较好的可保存性，而且易折易放，携带十分方便。一些人在阅读报纸的过程中还养成了剪报的习惯，根据各自所需分门别类地收集、剪裁信息。这样，无形中又强化了报纸信息的保存性及重复阅读率。

4.阅读主动性

报纸把许多信息同时呈现在读者眼前，增强了读者的认知主动性。读者可以自由地选择阅读或放弃哪些部分；哪些地方先读，哪些地方后读；阅读一遍，还是阅读多遍；采用浏览、快速阅读还是详细阅读的方式。读者也可以决定自己的认知程度，是仅有一点印象即可，还是将信息记住、记牢；是记住某些内容，还是记住全部内容。此外，读者还可以在必要时将所需要的内容记录下来。

5.权威性

消息准确可靠，是报纸获得信誉的重要条件。大多数报纸历史悠久，且由党政机关部门主办，在群众中具有影响力和威信。因此，在报纸上刊登的广告往往可以使消费者产生信任感。

6.高认知卷入

报纸广告多数以文字符号为主，要了解广告内容，读者在阅读时要集中精力，排除其他干扰。一般而言，除非广告信息与读者有密切的关系，否则读者在主观上是不会为阅读广告花费很多精力的。读者的这种惰性心理往往会减少他们详细阅读广告文案内容的可能性。换句话说，报纸读者的广告阅读程度一般是比较低的。不过当读者愿意阅读时，他们对广告内容的了解就会比较全面、彻底。

7.注意度不高

在一份报纸中，有很多栏目，也有很多广告，它们竞相吸引读者的注意力。这样，只有当你的广告格外醒目时，才容易引起人们的注意。否则，读者可能视而不见。

8.印刷难以完美，表现形式单一

最近几年，在高新科技的支持下，报纸的印刷技术不断得到突破与完善。但到目前为止，报纸仍是印刷成本最低的媒体。受材质与技术的影响，报纸的印刷品质不如专业杂志、直邮广告、招贴海报等媒体的效果好。报纸仍需以文字为主要传达元素，表现形式相对于电视的立体、其他印刷媒体的斑斓丰富，显然要单调得多。

二、报纸广告的规格与构成要素

1.报纸广告的规格

报纸广告的规格随报纸版面的变化而变化，报纸根据版面尺寸可以分为大报与小报。

(1)报纸的版面规格:大报如《人民日报》《光明日报》《文汇报》《中国青年报》等的有效版面,尺寸为35cm×47cm;小报如《齐鲁晚报》《生活日报》等的有效版面,尺寸为23.5cm×35cm。

(2)广告的版面规格:有的广告为整版广告;有的为1/2版,其尺寸大报为23.5cm×35cm,小报为17.5cm×23.5cm。有的报纸广告为整版的1/3,其尺寸是:大报为15.6cm×35cm,小报为11.6cm×23.5cm。另外,还有1/4版,尺寸是:大报(横版)11.75cm×35cm,小报则为8.75cm×23.5cm;竖版则是大报为23.5cm×17.5cm,小报为17.5cm×11.75cm。除此以外,报纸广告还有特种版等形式。

2.报纸广告的构成要素

报纸广告的构成要素主要包括图形与文字,根据具体情况,广告的设计和文案创作会各有侧重。以图形为主的广告是一种比较感性地传达主题的广告表现形式,其内容主要由以下形象构成,即企业形象,包括标志、标准字、名称、象征形象;产品形象,包括产品包装、品牌标志等;其他形象,包括消费者形象、功能、特性等的象征形象。

图文并茂的广告是感性与理性相结合的信息传达方式,形象和文字相辅相成,共同表达广告的主题,力求完善、全面。形象依然以上述三类来源为主,文字则是有关企业、产品的较为详细的信息。

另外,还有以文字为主或是纯文字性的广告。这类广告大都告知消费者关于企业和产品的准确而客观的信息,是产品成熟期常用的广告形式。诉求方式仍然可以表现为感性诉求与理性诉求两种形式,感性诉求多以文学性的语言,用富有情感的诉说感染、诱导消费者;理性诉求则是以说明性的语言陈述企业与产品的客观信息,告知消费者真实情况,以便为消费者采取购买行为提供判断的依据。感性诉求的方式在纯文字广告中并不常见。

文字广告的内容由以下几个方面构成:(1)标题。发挥点明广告主题的作用，有时直接采用广告语。这是引起读者注意的最重要的部分，能诱导读者阅读下文。所以，有人说“标题应当是一副锋利的爪子”，使读者在注意它的同时即被牢牢抓住，并产生阅读下文的欲望。在字体设计上也应当醒目、富有个性。(2)标注。也称副标题，是对标题的注解说明，一般紧随标题之下。(3)广告语。也称广告口号，表达企业文化、理念、产品特性的简短有力、朗朗上口的句子，一般使用时间较长，有的伴随企业发展的始终；有的则是针对特定的产品或特定的广告而出现的广告语，当这一则广告停刊即自然消失，应用的时间不长。(4)详细文案。也是广告的正文，是对产品或企业的详细说明。这是广告的主体部分，由广告的主要内容构成，根据需要，具有不同的诉求方式、体裁、文风与表现手法。

广告正文在诉求方式和体裁文风上有不同的特点。A. 诉求方式：a. 重在理性：简介体、新闻体、论说体、问答体、证书体；b. 重在感性：描写体、幽默体、小说体、戏剧体、诗歌体；c. 理性与感性二者兼具。B. 体裁、文风与手法：解释性、幽默性、描述性、证书性、对话性、叙述性等。广告文案应当具有风趣、惊险、悬念、新奇的特点。

三、报纸广告的创意原则

报纸广告的创意除应遵循广告创意的一般原则外，还应遵循以下原则：

一是图文协调一致。

广告的插图和文案协调一致地传达主题，其中一项具有歧义，或者二者没有关联性，都会影响广告的传达力。

二是诉求准确。

一则广告的诉求点只有一个，诉求点的确立是根据产品的定位或消费人群的需求定位而确定的，因此，广告的诉求应当切中要害，恰当准确。

三是信息明了。

有的报纸广告在选择形象和文字时没有明确的针对性，而且主次不分，看似信息量很大，但究竟要传达什么却不明确。明了的信息传达是保证广告发挥其功能的必要前提。

四是富于吸引力。

由于报纸广告置身于各种新闻和其他信息的包围之中，提高吸引力是引起读者注意的条件，因此无论在文案的写作还是形式的设计方面，都应尽可能地突出其吸引力。可使广告具备以下的特征：(1)风趣。幽默风趣一向是深受人们喜爱的性格特质，因为它为人们带来的是欢笑和快乐，所以风趣的广告不但可以提高其注意度，而且可以使读者在阅读之后记忆深刻。(2)悬念。悬念广告可以引起读者的好奇心，使读者自然而然地参与到广告中，探求表象背后所隐藏的秘密，完成广告主题的传达。(3)惊险。“文似看山喜不平”，惊险是平淡的生活中出现的变奏，打破人们心情的平静，使人们在接受刺激之后获得乐趣并在记忆中留下深刻的印象。“惊险”的表达方式也是广告抓住读者眼球和心灵的有效方法。(4)新奇：求新求奇是人的天性，具有新奇特征的广告能够增强与读者沟通的能动性，从而实现广告的实效。

四、报纸广告策略

1.体现新闻性特点，引起受众注目

报纸是一种专门传达新闻的大型媒体，由于发行渠道普遍和通畅，具有极强的新闻性、时效性。在大众传媒中，新闻总是对读者具有极大的吸引力。报纸广告一般都具有发行及时、传播面广的特点，因此，报纸广告适宜于诉求最新信息。在表达中，应突出媒体的这一特点，尤其是在标题中加以表现，可以产生很大的影响。新闻性可以在正题中加以体现，但由于报纸广告的图像视觉效果因纸质及印刷的原因，不可能达到最精美的表现，因此许

多正题着力于艺术性表达。在这种情况下，新闻性既可以通过正题来体现，也可以另设引题，专门突出新闻性。

2. 文案第一，图像第二

尽管现代印刷业的发展为报纸的印刷质量提供了足够的保证，并由此带来了版式灵活、图文并茂的新特点，实现了从黑白到套红再到彩版的飞跃。但从报纸媒体本身的特征来看，文字仍是其首要的传播元素。这一点，对报纸广告的创意，表现的内容、重点、主次、版面结构都会有相应的指导意义。标题应醒目、富有新意，最后能强调产品的利益，充分吸引消费者的注意；正文应精简、准确，有针对性，能诱发消费者的购买欲望。

3. 重视报纸广告的图像

在报纸广告中，图像的配合也很重要。随着印刷技术的升级换代和大众欣赏水平的不断提高，报纸也在高新技术的支持下，不断拓展新的表现空间。报纸从原来的纯文字发展到黑白插图、套红印刷等元素的加入，从黑白摄影到现在的彩版技术，呈梯级演变，这也直接为报纸广告的表现带来了新的突破。图像的渗透与丰富，一方面为信息的传达提供了更多的表现渠道；另一方面，增添了报纸的表现元素，提高了观赏性，图文并茂，使读者更易于接受和理解信息。但是，归根到底，报纸仍是以文字为主要传播元素，图像只是起辅助和配合的作用。

4. 采用悬念与系列性表达方式，增强吸引力

在报纸广告中适当运用悬念，可以有效刺激读者的阅读兴趣，并会借着悬念把这种兴趣和热情延续到下一轮广告；系列性广告则可以分解产品的信息，使每一则广告主题鲜明，诉求单一，并维持消费者对品牌的关心度。一般而言，悬念式广告通常都是通过二则以上的系列形式出现的，同样，在系列广告中也常常借助悬念这种技法。系列广告可运用形式多样的提示语，一致而又略有变化的标题，使每则广告的内容既各有侧重，又呈现出整

体的和谐性，具有形式美。如沈阳金龙保健品有限公司出品的保龄参，广告有“亲情篇”“节日篇”；惠泉啤酒系列广告则分“策略篇”“技术篇”“人才篇”等等。标题强调产品名称，同一产品的共性，不同的标题各有侧重地道出其产品的特性等内容，如江苏天宝药业有限公司的“中脉烟克”系列广告，以“戒烟是爱”为主题，另有标题“一切为了孩子”“一切为了妻子”“一切为了父母”，分别以爱心、爱情、孝心的名义，重申“戒烟是爱”的主旨，劝导吸烟者加入戒烟行列。

5.创造特殊版面，产生特殊效果

以报纸广告在报纸里的所在位置来分类，可分为新闻下、新闻中、报眼、插排（散播在新闻标题中，旁白小型广告）、中缝、分类等。正常情况下，报纸以版面来计数，报纸广告也是常以整版的几何对分来确定规格，全版、半版、四分之一版、八分之一版……但报纸广告的版面并不完全是固定不变的，有时候，也可通过智慧、构思和公关策略，创造一些特殊版面。在位置、规格上突破传统，另辟蹊径，将会产生意想不到的特殊效果。如：

（1）跨版。跨版广告指的是广告内容跨越报纸的版面区分，从一个版面直接延伸到另一个版面。通常有两种情况：一种是两个全版之间的跨版，这一般是在特定时期用于展示企业实力和形象的；另一种多是版面之间八分之一、四分之一两个通栏的连接，一气呵成。后一种情况，一方面是借用超长空间展现有气度或宽度特质的产品及说明个性；另一方面，由于跨版这种形式本身在阅读情况下有一定的悬念，能有效激发读者的兴趣。

（2）L形版面。L形版面是指两个同等规格的版面相互连接，拼成正九十度的排列，形成一个“L”形。这种版式安排得当，将会在工整规范的其他广告版面中脱颖而出，十分引人注目。另外，这种特殊的L形版面，在排版设计、广告内容的安排、文字与图像的配合方面都为广告创作人员提供了较为灵活的表现空间。形式与内容的搭配，将大大提高产品的特别性。

（3）不规则版。也就是说，广告不规则地散布在报纸的整个版面上，造成视觉上的不协调，形成不规则美，从而吸引观众的注意力。

(4)反白。这也是一种对比方式，是在色彩上故意颠倒排列以制造视觉上的冲击力。正常情况下，报纸印刷都是白底黑字，但有的广告为了突出所要强调的内容，将背景转换成黑色，而让文字(或图像)呈现白色。这样能够充分地体现主体信息，吸引更多消费者的目光。

(5)装饰与留白。这是有效引起读者阅读兴趣和保持阅读方向的较好方法。装饰，有时候是为整个广告版面而装饰，有时候则是为广告所要强调的信息进行装饰，目的都是为了让消费者更加注意广告要让他们注意的内容，比如在广告四周加上边饰，就可以使所有要素聚集在一定范围之内，有利于区分其他版面；又如在主信息上加注箭头、阴影、色块，就可以使相应的文字、图像醒目、突出，同时也美化版面，丰富了视觉效果。留白就是报纸广告中不编排任何要素的部分(甚至也可以用黑色或其他颜色作背景而非白色)。若能在文案周围大量留白，它看起来如同位于舞台中央，十分抢眼。

五、报纸广告作品赏析

以下我们选择了一些报纸广告的文案作品，并对其进行简单的分析和鉴赏。

1. 壳牌(中国)有限公司

文案一

标题：在新的能源未来，如果它不存在，我们就要创造它

正文：应对气候变化的同时，为日益增长的人口提供充足的燃料，这看起来是不可能解决的难题，但在壳牌，我们尽可能地进行创造性思考。

在发展油气业务之外，我们也对风能等新能源进行投资，同时正在探索从预想不到的资源中开发新的发动机燃料，例如天然气、氢、麦秆、废木屑和海藻。

这并不容易做到。创新的解决方案向来得之不易。

但是，面对最艰巨的挑战，当大家都感到困难时，我们也坚信一定能找到解决之道。

图 4-1　壳牌石油广告

文案二

标题：在新的能源未来，我们需要将不可能变为可能

正文：世界需要减少二氧化碳排放量，而碳捕集和封存技术可以捕获二氧化碳并将之安全地存储于地下。

在壳牌，我们正在世界各地开展这项工作，其中包括位于德国凯钦的二氧化碳封存项目（CO_2 SINK），这是与欧盟合作开展的一个示范项目。

要完善碳捕集和封存技术并非易事，但我们坚信这项技术必将有助于解决二氧化碳排放问题。

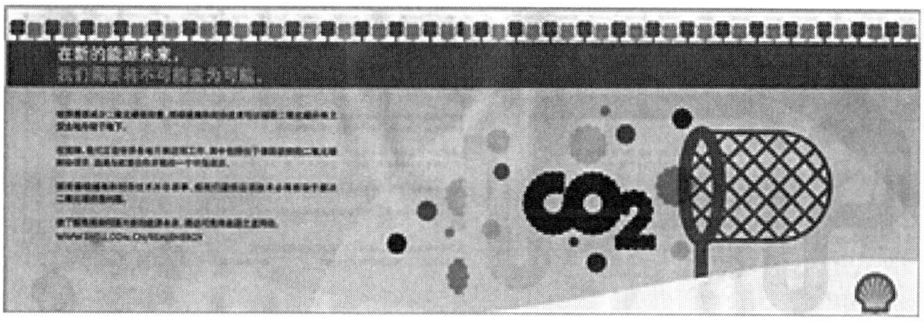

图 4-2　壳牌石油广告

文案三

标题：在新的能源未来，我们需要灵思巧变

正文：随着世界人口日益增长和能源需求不断加大，我们需要开采深藏于沙石之中和海底之下的“难采”石油。

这就需要突破性的技术和创新，如蛇形钻头。我们发明的蛇形钻头可以创造性地绕过障碍获取原油。如今，这项技术已经应用于文莱油田。

图 4-3　壳牌石油广告

以上三则文案以理性诉求的方式向消费者传达壳牌石油公司的技术创新和对于新能源领域的不断开拓，以在消费者心目中树立企业高科技和关注环境保护的良好形象。

2. 西安楼盘“就掌灯”广告文案

文案一

标题：征婚

内文：性别：男 ｜ 年龄：55(真人显年龄) ｜ 教育程度：三十亿 ｜ 个人描述：本人自改革开放后二十余年来，一直忙于事业发展，时至今日，虽家资亿万，却完全疏忽了感情生活。每每见身边的朋友，服侍妻子，拉扯孩子，尽享天伦之乐，心下暗自怆然。常在夜半回家的路上，对金碧辉煌却空无一人的豪宅生出一种莫名的惊慌。常言道，不孝有三，无后为大，至今孑然一身的我，更自觉愧对高堂。徒有家财万贯，无人继承，不合天理。｜ 择偶条件：19～24岁，相貌大方端庄；聪明、有知识、有智慧；通情达理；出身干部人家；

体形好生养(本人已自查,无不育症);无恋爱史。

广告不可信 谁说的? 就掌灯

就掌灯·高级动物居住·现房 不广告·029－832116666

文案二

标题:征婚

内文:性别:女 | 年龄:19 | 教育程度:舞蹈艺术专科在读 | 个人描述:天生的娇美容颜,14年的舞蹈训练,让我不仅容貌闭月羞花,更具有青春脱俗的高雅气质。由于幼年时曾有海外生活的经历,英语水平超群,更通晓其他五国外语、中国各地方言以及曼妙的肢体语言。这使我上得厅堂,也下得厨房。| 择偶条件:欲寻觅一事业有成之男士,年龄55岁以下,要懂得关照、呵护娇嫩的我。执我之手,与我偕老,我正在闺房中,静静地等候。

广告不可信 谁说的? 就掌灯

就掌灯·高级动物居住·现房 不广告·029－832116666

图4-4 “就掌灯”广告

图4-5 “就掌灯”广告

一直以来，楼盘的销售都以广告先行，而很多楼盘广告存在故意夸大优点、淡化缺点的问题。以上两则文案直接切中消费者的这一担心，以两则很不靠谱的征婚广告来说明广告的不可信（广告中的图像都是文案中描述差异很大的人物形象），进而提出本楼盘是现房，不需要多费口舌进行广告宣传，购房者可以亲自了解和体验，体现楼盘的差异性和特点。

3. 贝克啤酒

标题：禁酒令

正文：查生啤之新鲜，乃我酒民头等大事，新上市之贝克生啤，为确保酒民利益，严禁各经销商销售超过七日之贝克生啤，违者严惩，重罚10万元人民币。

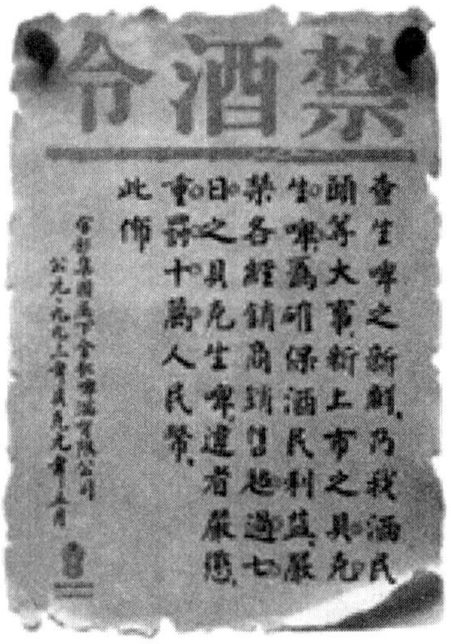

图 4-6　贝克生啤广告

此广告文案借用了公文中“令”的写作形式和语言风格特点，将广告信息用规范的公文形式表现出来，产生了一种独特的说服力。整个广告文案语句简洁、语言表达严正，能让人感受到贝克生啤制造商对推出这一营销新举措的严肃、认真、深究的态度。同时，用如此严正的形式来表达，令受众领悟到创意者所提供的幽默玄机。会心一笑间，印象深刻。

4.百服宁

文案一

标题:她在找一个人

正文:那天在火车上,我孩子发高烧,他爸爸又不在,我一个女人家,真急得不知怎么办才好。

多亏了列车长帮我广播了一下,车上没找到医生,还好有一位女同志,给了我一瓶儿童用的百服宁,及时帮孩子退了烧,我光看着孩子乐,就忘了问那位好心女同志的名字和地址,药也忘了还她。你瞧这药,中美合资的产品,没药味,跟水果似的,能退烧止痛,并且对肠胃刺激又小,在我最需要的时候,百服宁保护了我的孩子。

人家帮了这么大的忙,我和孩子他爸都非常感谢她,真希望能再见到她,给她道个谢!

文案二

标题:找到她了!

正文:王霞,听说你在找我,其实给你一瓶药,帮你的孩子退烧,只是一件小事。

那天在火车上,我一听到广播里说你孩子发高烧又找不到医生,正好包里有一瓶医生给我孩子退烧的药——儿童用的百服宁,可以退烧止痛,肠胃刺激小,而且又有水果口味,孩子也乐意吃,所以就来给你救急了。那瓶药你就留着用吧,我家里还有,我孩子也常发高烧,家里总备几瓶,在最需要的时候,百服宁可以保护我的孩子。都是做妈妈的,你的心情我很了解。希望你以后带孩子出门,别忘了带施贵宝生产的儿童用百服宁!

这两则文案是一个系列文案,前后两个广告正好成为一个完整的故事。通过这一有人助人为乐、有人感恩致谢的故事接龙,树立了百服宁药品良好的产品形象。

5. 万科 · 棠樾

文案一

标题：游子归

正文：我的心先于我的人回来，

它的心先于它的形回来。

因为去美国读书，

走的时候大哥给金毛取名“小布什”。

几年一晃而过。

那边的小布什下台了，

我家的小布什却大得不敢认了。

原以为，它会冲我汪汪，

没想到它不吭声。

我才站稳，它就围着我绕。

蹭得我满身都是激动的雨水。

可那眼神，

亲切得还和以前一模一样。

小布什——你不是在流泪吧？

图 4-7　万科 · 棠樾广告

文案二

标题：归来篇

正文：妈妈在意的永远是儿子的变化，

儿子在乎的永远是爸爸的距离，

爸爸你一定是又落在后面吧？我知道。

你的心情一点不比妈妈淡，

我也知道。

小时候我就不大记得了，

长大后你是没再拥抱过我。

我一直都好敬畏你、怕你。

记忆中差不多都是你的教训和责骂。

你那么有追求，

你已经很对得起你那个时代，

我都理解和知道。

你不说什么，可无论多远，

我都感知到你的存在。

只是——爸爸，你老了哦。

图 4-8　万科·棠樾广告

其实看完整个系列，你会发现，它可能没有让我们特别记忆犹新的广告语，就像是个人都会说的“踩惯了红地毯，会梦见石板路”“一生领导潮流，难得随波逐流”这些流行语，但是这组文案却能深深地触动你，狗、妈妈、她、爸爸，他们是真正存在于我们身边的，正是这一情怀打动了消费者。

第二节　杂志广告及其文案写作

杂志广告，又称期刊广告。杂志广告的诸多媒介特征与报纸广告具有相似性，但其版面和印刷质量与报纸广告不同，因而刊登的内容也有所不同。杂志也是一种印刷平面广告媒体，尽管与报纸相比，它明显地缺乏时效性，而且覆盖面有限，但由于它印刷精美，具有光彩夺目的视觉效果，故深受特定受众的喜爱。由于杂志种类繁多，雅俗均有，而且出刊周期短的杂志种类最多，影响颇大，因此，它成为现代广告四大媒体之一。由于印刷技术的发展和人类思维的进步，以往的单纯平面设计模式不断被打破，新的设计形式不断涌现，这些体现着杂志广告的广阔前景。

一、杂志的媒介特点

1.读者阶层和对象明确

杂志的读者范围不像报纸那么广大，但分类较细，专业性较强，这对于要求选择特定阶层的广告非常方便，更能做到有的放矢。同类杂志的读者，在质的方面大体相同，因此，广告文案的制作也容易得多；反过来说，每一类杂志都拥有其基本的读者群，那么就可以针对不同的消费者选择不同的杂志。所以，为了更好地利用杂志媒体，应该根据广告目标对象的要求对能利用的杂志进行分类。

一般来说，杂志的读者都具有一定的文化水平，有较好的理解能力，而且凡是订阅某种杂志的人，对该杂志的性质与刊登的内容都有一定的了解和兴趣，搞专业的人对专业杂志刊登的东西容易接受，这样就有利于广告发挥作用。订阅杂志的人生活水平都较高，有能力领略广告介绍的内容，所以新产品在开辟市场时，杂志媒体是一个有效的备选媒体。

2. 杂志印刷精美，阅读率高，保存期长

杂志媒体的用纸较好，尤其是广告用纸更为讲究，在广告的印刷上要比报纸精美得多，尤其是彩色广告，色彩鲜艳精致，容易引人注目，可以逼真地再现商品形象，激发读者的购买欲望。杂志广告大都用全页或半页，版面较大，内容多，表现深刻，图文并茂，容易把广告客户所要提供的信息完整地表达出来。

杂志媒体比起广播、电视来说，生命周期长得多。广播电视节目一播即逝，而杂志阅读时间长，常被人保存下来反复阅读，因此，杂志广告能反复与读者接触，读者有充分时间对广告内容作仔细研究，加深印象。

3. 杂志媒体版面安排灵活，颜色多样

杂志广告在版面位置安排上可分为封面、封底、扉页、内页、插页；颜色上可以是黑白的，也可以是彩色的；在版面大小上有全页、半页，也有 1/3、2/3、1/4、1/6 页的区别。有时为了适应广告客户做大幅广告的要求，杂志还可以做连页广告、多页广告，效果十分明显，影响巨大。

杂志与报纸一样，同属印刷媒体，这就决定了它们之间存在着一些共同的特性，包括阅读主动性、高认知卷入、保存性和可信性。但是杂志与报纸也存在着很大的差别。在内容上，杂志不像报纸那样，以新闻报道为主，而是以各种专业和科普性知识来满足各种类型读者的需要。在印刷质量上，杂志一般也优于报纸。因此，杂志具有一些不同于报纸的特性。

4. 读者针对性强

杂志内容具有较大的倾向性、专业性，不同的杂志，一般可以在广大区域里拥有不同的和比较稳定的读者群。比如摄影杂志，读者以摄影专业人士和业余摄影爱好者为主，故有关摄影器材的广告会刊登在摄影杂志上，广告对象与该杂志的读者一致，能有效地争取让这些读者成为购买该产品的顾客。

5. 知识性

许多杂志的内容以专业知识和科普知识为主体，因而容易使读者对杂志阅读产生知识性期待。这与报纸的消息性一样，杂志的知识性也成为杂志广告的一个心理特性。

6. 重复性

杂志的内容丰富多彩，长篇文章较多，读者不仅要仔细阅读，而且常常要分多次阅读，甚至保存下来，供日后再次阅读。读者的多次翻阅增加了他们与杂志广告接触的机会，有利于在记忆中留下较深的印象。

7. 更具美感，引人注目

杂志的用纸较好，可以印上精美的彩色图片，较逼真地再现商品原貌。同时，杂志广告多是商业广告，广告登载量也不多，一般都集中刊登在一定的书页上，排列整齐美观，因此，杂志广告具有较强的艺术感染力，引人注目，给人以美的享受。

8. 时效性差

杂志是定期刊物，发行周期较长，有周刊、半月刊、月刊、季刊、半年刊，甚至年刊，因而影响广告的传播速度。时效性强的广告，如企业开张广告、文娱广告、促销广告等，一般不宜选用杂志媒体，否则容易错过时机，收不到广告效果。

二、杂志广告策略

1. 注重图像视觉艺术

由于现代造纸和印刷技术的快速发展为杂志广告提供了品质精良的纸张和精密度极高的印刷效果，使印刷品越来越美，魅力无穷。现代杂志广告首当其冲地以视觉图像艺术获得广大读者的青睐。但是，随着市场竞争日趋激烈，杂志广告视觉图像的竞争力也逐渐加剧。这就要求这类广告首先要有一个具有较强冲击力的视觉图像，将广告意图通过视觉语言表达出来。彩色印刷是一项制作过程复杂、众多人员参与的行业，从对原稿的照相、分色、制版、打样以至印刷、装订，无不需要精密的仪器设备以及制作人员丰富的经验和技术，特别是广告的印刷，更加讲究颜色、技巧、特殊效果。

2. 注重创意新颖性

正因为杂志媒体视觉效果显著，作者很容易将创作精力集中于图像的视觉艺术本身，而忽视图像的内涵，这是不符合现代受众的审美心理的。现代广告受众对广告所表现的智慧美非常敏感，很关注广告全新的、巧妙的创意，这要求杂志广告必须将具有独创性的创意与精美的视觉图像结合起来，通过不同凡响的创意来表达内涵丰富的视觉形象。杂志广告的艺术欣赏性很高，有许多成功的广告甚至成为人们长久珍藏的艺术品。只有从创意内涵和视觉效果两方面配合表现，才能大幅度地提高杂志广告的艺术价值。

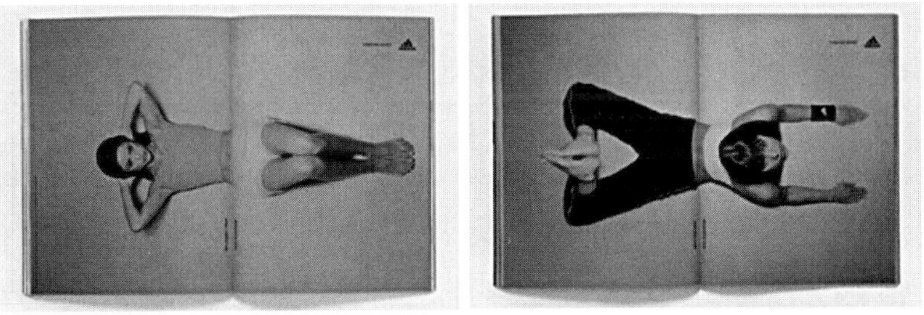

图 4-9　阿迪达斯的运动广告

图 4-10　DHL 快递广告

3. 注意版面选择策略

一般来说,杂志广告都是一版一则,具有很强的独立性,很少受到其他广告的影响。但就版面种类来说则有好几种:封面、封底、插页、跨版双页等。版面类别不同,受众对其的注意率也有较大差异。选择版面时要根据广告目标和经济支持力来决定。注意率越高,广告有效率越高,特别是对那些开拓市场和塑造形象的广告而言,效果尤佳。当然也需要较强的经济支持力,经济支持力越大,广告有效率越高。另外,杂志媒体具有较强的专业性,即使是大众杂志,其读者群也较大众性报纸小,而且比较固定,有一定的文化层次,因此,在选择杂志时要注意广告目标与读者的对位。

4. 采用形式多样的制作技巧

要开拓思维,充分运用现代技术手段制作新式杂志广告。例如插页广告、跨页广告与杂志装订结构的巧妙结合,又如折页广告、联券广告、有声广告、立体广告、香味广告等。

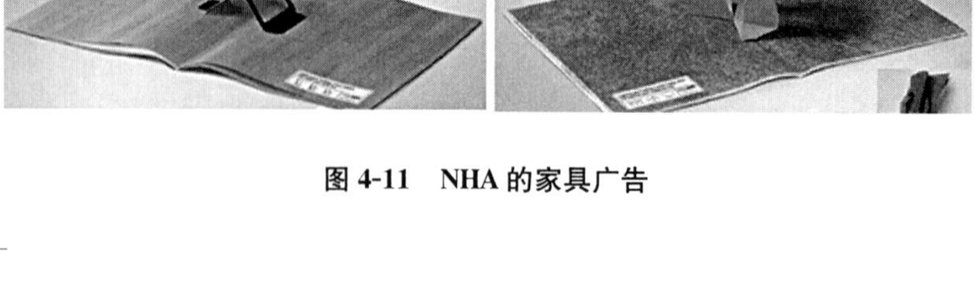

图 4-11　NHA 的家具广告

图 4-12　宜家的滑动门广告

5. 文案要有艺术性

在杂志广告中，标题常常和图像相得益彰，是艺术性很高的两个方面。因此，一定要创作出具有震撼力与感染力的标题。广告正文是杂志广告中的一项重要内容，读者的阅读率较高。但在必须表达的范围内也要简明扼要，惜墨如金。

总之，杂志广告随着近年来杂志的发展而日益丰富，其以多样性、长期性、精致性形成了独特的风格，也为企业提供了较好的广告平台。

杂志广告的写作方法同报纸广告有许多相似的地方，适于采用我们在前文中所讲的报纸广告文案写作方法，标题的拟定、正文的安排和布置以及广告语和附文的写作方法都是可以借鉴的，在这里就不一一论述了。

第三节 其他平面广告文案写作

除了报纸广告和杂志广告外，采用平面媒介形式进行广告诉求传播的广告媒介形式还有户外海报、直接邮寄广告、样本册等。

一、直接邮寄广告

直接邮寄广告也叫 DM 广告，是数据库营销和直接营销的一种形式，是直接完成销售或者引发查询的一种有效方法。如果以广告费用支出计算，直邮广告是当今世界排名第三的广告媒介，全球广告主花在直邮上的广告费甚至高于杂志广告费和广播广告费。直邮广告主的范围比较广泛，体育用品、服装、电子产品、收藏品、图书、杂志以及一般百货都适合采用直邮的方式销售。一些公开的展览会、研讨会也经常以直邮的方式吸引报名。

一般直邮广告通过名录数据库选择潜在的消费者，把根据特定消费者需求设计的邮件邮寄给他们，并鼓励收到邮件的潜在消费者采取行动。与大众广告相比，直邮更方便直接针对潜在消费者进行诉求，便于控制广告的发行量，能避免竞争对手广告的干扰，能直接获得消费者的回应，并且能通过回应情况判断广告效果。当然，直邮广告也有劣势，直邮的千人成本比其他大众媒体形式高很多，而且很多消费者对直邮邮件的印象偏差，甚至视其为“垃圾邮件”。不过随着 Web2.0 媒体形式的不断完善，人们对于网络销售和邮寄商品的信赖度不断增加，直邮广告的效果将进一步增强。

直邮广告有销售信函、明信片、折页手册、产品目录等多种形式，还可以采用邮寄立体卡片、赠送试用样品等更具有创造性的方法。无论采用哪种形式，直邮广告的核心都是一份以直接达成销售为目的的印刷品。文案在直邮广告中起到决定性作用。

第一，使用人性化的语气。直邮在信封上写着读者的名字，直接寄到读者手中，因此直邮广告文案不应该像面向无数人的大众媒介广告，而应该更像一封私人信函。如果采用信件形式，最好在信的开头就和收信人直接打招呼——尊敬的（亲爱的）某某先生、女士，然后以面对面交谈的语气写作后面的内容。如果邮寄的是产品目录，其中提到消费者时也应该直接称呼“您”或者“你”，而不是购买者或消费者。

第二，提供尽可能详尽的信息。邮件如果能被打开，说明收信人多少有些兴趣；收信人一旦开始阅读，就说明他有较大兴趣。所以直接邮寄广告应该尽可能地提供有用的信息，诚实地介绍产品、说明购买利益。如果是产品目录，提供产品图片、产品简介和客观的评述文章会更有效果。

第三，注重趣味性。直接邮寄广告应该尽可能采用有趣味性的、吸引人的方式传达信息。没有人乐于读枯燥的产品介绍和生硬的推销说辞。

第四，文案难度不要超过读者的理解力。使用读者熟悉的语言和思考逻辑，不要进行过于专业的阐述，不要让读者对广告阅读或者产品本身心生畏惧。

第五，不要怕文案太长，直接邮寄广告可长可短，短的可以只有一句话，长的可以达几十页。如果确实有丰富信息要提供给读者，并且知道了吸引读者的方式，就不要怕文案太长。提供的信息越具体、越细致，就越有可能实现销售或引发行动。

第六，反复申明你所提供的服务或者利益。这是最能吸引读者、引发行动的内容，所以应该明确提出来，并且在适当时机不断地强调。服务或者利益可以是对购买者进行奖励、购买产品可以获得赠品、退换货便利、安全保证、有权威机构认定、得到其他消费者的赞许等。

第七，提供多种反馈途径。为了更有效地获得读者的反馈，必须提供多种反馈途径，比如电话订购、传真订购、800 免费咨询电话，鼓励读者使用含订单的免邮资回邮信封等。这些反馈途径应该被编排在信函或者产品目录的醒目位置，并且加上一些鼓励行动的言辞。

这里有两个直接邮寄广告的案例，供大家参考。

请接受麦考林送你的“见面礼”

亲爱的朋友：

你好！

我是麦考林的 CEO 顾备春，很高兴能通过这本目录与你一起聊聊，并有机会送上这份特别为你准备的“见面礼”！

麦考林特别为你带来免费礼物——百搭必备围巾。

购买本目录产品满 100 元就能免费获得。

每位顾客限送一条，先到先得，送完为止。

在麦考林购物，可能与你以往熟悉的购物方式有很大不同，除了去实体店铺，你也可以很方便地通过我们的目录订购热线 9510－5858 或登录 www.m18.com 来挑选喜欢的产品，而且为了让你能像在门店购买一样放心，我们还特别为你带来 10 天无理由退换的服务满意承诺，只要你对产品不是 100%满意，都能在 10 天内将它退还给我们，这样还怕买不到自己满意的产品吗？

现在，每天都有数百万的白领女性来到麦考林，因为既不用一家家商场逛得筋疲力尽，还能用不到一半的价格买到商场里的同类产品，从最当季的时尚衣裙、鞋包，到新颖实用的家居百货，再到最新流行的美容彩妆，近万种产品任你挑选。而且，除了丰富的产品和方便简单的购物模式，自然少不了我们的会员都特别期待的会员特卖、折扣优惠。

第一次通过麦考林的目录，通过我们的热线 9510－5858 来购买产品，对你来说肯定既新鲜又有点疑虑，但我相信，只要你购买过一次，就不会错过后面的每一次！

麦考林总裁

顾备春敬上

PS：免费送您的百搭必备围巾，会为您保留 15 天，赶快行动吧！

这则商业信函作为产品目录的第一页，起到了很好的沟通作用。在信中，作者以坦诚认真的姿态同普通消费者进行简单而明确的沟通，传达麦考林购物的优点，并不时地告知消费者通过麦考林购物能为其带来各种利益。

二、平面广告软文

软文，又称软性广告，是一种特殊的平面广告文案表现形式。它以传播信息全面、费用低廉的特点越来越受到众多企业的关注和喜爱，有许多企业通过科学的软文组合投放策略，以较低的投入，使产品的知名度得以迅速提高，从而为产品销售起到了很大的促进作用。较为经典的案例如脑白金切入市场时采用的科学性软文策略，TCL8188 手机切入市场时采用的故事性软文策略等。它们都是通过系列可读性、故事性、科学性很强的小文章，在欲打开市场的区域进行高密度的投放，使消费者在阅读这些小故事的同时，自然地接受了产品的宣传，不会产生反感，为产品在区域市场内的推广建立了不可磨灭的功勋。

软文作为广告文案的一种表现形式，它的发展有其特殊的市场背景。众所周知，广告在市场营销中对产品的促销及品牌形象的树立有着很重要的作用，但是由于广告日益泛滥，人们对其产生一种反感心理。特别是报纸类广告，人们很少去关注它。因此，现在的报纸类广告就着重于以画面的形式表现，突出视觉冲击力，文案只占很小的部分，更有广告人称报纸文案是广告的“灰色地带”。但是，其副作用是小篇幅的文案不能全面地传达企业或产品想要告诉消费者的信息。基于这样的市场基础，软文的作用在报纸类广告中凸显出来。它可以有多种多样的表现形式，可以是新闻形式的、故事形式的、科学形式的等等，通过这些表现形式，把企业想要传达的信息巧妙地融合在其中，让读者在潜移默化中接受这些信息，同时，还可以提高企业在消费者心目中的亲和力。

软文是广告文案的一种，它的结构和要求与其他的文案相同。其基本结构是由标题、正文和随文三部分组成。标题是各类广告文案中传达最重要的或最能引起受众兴趣的信息，对全文起统领作用，用来吸引受众继续阅读文案中的其他内容，它是决定读者是否会继续往下读正文的关键所在，有统计表明，读标题的人平均是读正文的人的5倍，也就是说，标题占一则广告费用的80%。它的重要作用可概括为点明主题，引人入胜，引起兴趣，诱读正文，加深印象，促进销售。对标题的写作要求可用十六个字来概括：结合主题，简明扼要，富有创意，引人注目。软文的标题一般有三种类型：一种是较长的、包含文案中最吸引人的信息并具有趣味性的标题，如××糖尿病产品软文中的“治疗糖尿病，受体是关键”；一种是很短的，有一定寓意或是包含着某种悬念的标题，如××糖尿病产品软文中的“康复”“胰岛素与锁”；另一种是包含引题、主题、副题的复合标题，如“糖尿病患者自己的家园——庆贺我市首个糖尿病患者健康家园成立”等。

标题写作的技巧可分为三步：第一步，确定在标题中写什么。它的内容一般有以下几个来源：(1)软文中所要传达的最重要的信息；(2)与目标消费者切身利益关系最密切的信息；(3)最有趣味性的信息；(4)竞争对手忽略了的信息。第二步，找到最合适的话。把想要在标题中表现的信息罗列出来，把自己当作一个读者或讲故事的人，通过这种角色转换，确定标题。第三步，让钻石发出光彩。把标题中不必要的、繁杂的信息去掉，然后从词语到句子，从语气到音韵，对任何一个不合适的地方都进行精心修改，直到它达到你所设想的状态。

正文是软文中向受众传达全面信息、居于主体地位的文字，它是软文的中心和主体，决定着这则广告软文是否得到读者的认可，是否因其影响而去购买产品。它表现内容的类型可分为全面型、重点型和提醒型。全面型即把想要传达的所有信息都包含在内，可包括产品的特性、价格、购买方式等内容；重点型即传达某一侧面的信息，如产品的功效、所获荣誉、促销活动等；提醒型即不传达具体的信息，只是通过某种特定的信息对受众起到提醒的作用。对正文的写作要求是条理清楚、简明易懂、说服力强、号召力强。正文的写作技巧可分为四步：第一步，把握整体的概念。在写作正文前，一般你已确定了标题，现在需要考虑写一篇什么样的正文，用哪种表现形式来传达你想要让读者了解的信息，是新闻式、叙事式、利益式、悬念式、证言式、议论式或其他的形式，这些形式通过什么来诉求，是企业自身、消费者、专家或是其他人。通过这一步骤，正文的基本框架已完成。第二步，确定写进正文的内容。它要求把决定写进正文的内容进行选材，哪些是主要的，哪些是次要的，想要传达的信息在哪些地方体现等。第三步，谋篇。决定了正文中信息的表现方式以后，就要考虑正文的结构，即分几个段落，每个段落传达什么内容，如何将重要的信息巧妙地融会贯穿于整个篇幅之中等。第四步，运笔，它包括词语的选择和句子的构建，要根据软文的整体风格选择合适的词语和语气。

当然，同一般平面广告文案一样，软文也有必须向受众交代附加信息的随文部分。随文又称附文，是软文中向受众传达企业名称、产品购买方法、接受服务方法等附加性信息，它一般出现在软文的结尾部分。随文在软性广告中有着不可忽视的作用，因为有一些软文从标题到正文都没有明确地告诉读者具体的购买方法或接受服务的方式，而随文在此就起到了画龙点睛的作用。它具体的内容包括企业或产品的品牌、标志，权威机构证明，购买产品的地址、电话，获得服务的内容、方法等。随文的内容由软文的中心内容和具体目的而定,一则随文中不一定包括上述的全部内容,而应有所取舍,以突出主要信息。

以下是笔者为中国电信山东分公司天翼 3G 业务上市宣传策划撰写的分阶段软文提案。录于此,仅供参考。

品牌预热期:

标题:天翼,让手机不再是“手机”

正文:你的手机是否还停留在通话和接收短信的旧石器时代?

你的手机是否还在响着单调而乏味的 MP3 铃音?

你的手机是否还在为漫长地等待打开一个网页而心力交瘁?

你的手机是否还只是“手机”?

天翼告诉你,传统手机时代已经过去了。

2009 年 1 月,中国电信正式获得由信息产业部颁发的 3G 牌照,中国的手机移动通讯正式进入更先进、更自由、更宽广、更多彩的视频多媒体时代。

传统的 2G 与 2.5G 的手机时代,手机还仅仅是掌握在手中的通讯机器,人们每天使用它来传递亲友间的信息、传达朋友间的问候、交流各种资讯,同时我们每天被各种烦琐无用的信息所烦扰着,每天必须面对这个冷冰冰的或大或小的方块。手机成了我们生活中又爱又恨的东西。它绝对是我们工作与生活的必需品,但它又不能让人充分地亲近。它传达了僵硬无趣的文字信息,或者虽让我们听到彼此的声音却看不到丝毫的影像,商务活动中它为需要的人传递了必要的信息,却无法完全替代面对面的商讨。

个人通讯工具从 2G 时代到 2.5G 时代,是手机从语音服务到小文本信息服务的转移,虽然我们超越了语音和短信的个人通讯的旧石器时代,但小文本信息服务所推崇的彩信、音乐、手机上网、手机游戏、移动信息、手机邮件等仍然受制于信息通讯的速度、自由度、信息量以及形式多样性等问题,这其中移动信息传输的速度和信息形式多样性就是传统手机服务最大的瓶颈。试想,你正在高速行驶的列车上焦急地等待合作伙伴传来最新商务信息，而你的手机邮件却迟迟无法打开。百无聊赖时，你却只能反复鼓捣着手机里保存的那几个最原始的推箱子和贪吃蛇游戏。离家远行或偶尔临时外出时，你还要时刻担心着家里、公司或者店里随时可能出现的偶发状况。

传统手机可以帮你解除这些烦忧吗？不会的，因为它只是手机，它只是你的工具之一。但中国电信“天翼”却可以彻底解除所有的生活烦恼和一切隐忧。天翼以3G技术统领个人通讯业务，将手机通讯与互联网技术完美地结合起来，建立起了个人移动互联网通讯的新标准，是新一代的互联网手机。

在天翼这里，你可以借助最新的CDMA2000技术，顺畅地享受视频通话、高速音乐下载、在线游戏娱乐、手机支付、移动互联网、定位导航以及无线广播电视等业务。天翼带给你最美好的个人未来通讯生活，是你在新时代最先进和自由的视频多媒体伙伴。

这就是天翼的理想——让手机不再只是“手机”！

所以，你的个人通讯工具是否该更新换代了？

附文：略

品牌推广期：

标题：天翼，开启崭新的移动互联网时代

正文：什么是天翼？

那不是一个名称，也不是一个符号，更不是一段毫无意义的音节。那是我们对未来通讯生活最美好的期冀和最完美的定义。

天翼，以最先进的3G技术统领个人通讯业务，将手机通讯与互联网技术完美地结合起来，建立起了个人移动互联网通讯的新标准，是新一代的互联网手机。

在天翼这里，你可以借助最新的CDMA2000技术，顺畅享受视频通话、高速音乐下载、在线游戏娱乐、手机支付、移动互联网、定位导航以及无线广

播电视等业务。天翼带给你最美好的个人未来通讯生活，是你新时代最先进和自由的视频多媒体伙伴。

借助高速的互联网技术，天翼可以让你享受最流畅的视频流媒体业务，你可以通过它享受到品质更高、体验更佳的视频点播、视频直播和视频下载业务，还可以享受到移动博客、在线投票、闲时下载以及视频推送等新型业务。在天翼流媒体手机软件的支持下，您还可以将无线有线网络监控融合，实现24小时的移动视频监控，从而了解实时的交通状况、景区优美景色、病人实时状态，保证家庭成员最新安全。

如果你正雄心勃勃地创建自己的事业，天翼可以帮助你了解最新和最有用的资讯，通过手机网络帮你实现业务调查、手机投票和手机广告，让你了解实时的股票走势、交通导航、天气信息和新闻资讯，甚至帮你组织和召开移动视频会议，大大节约你的商务旅行开支，并免去旅途的劳累和困乏，保持最旺盛的工作活力。

如果你是追求时尚轻松生活的年轻一族，天翼3G手机更能让你享受到更贴心的语音信箱、多媒体彩铃与影像、移动MSN以及在线游戏、网络社区、移动搜索、移动音乐等更具个性化和娱乐化的服务业务。天翼甚至可以成为你值得信赖的手机支付工具，实现话费扣除、个人消费支付以及信用卡支付的多重功能。而这些无疑都得益于良好的天翼3G移动互联网络，带宽变得更宽，你的体验变得更好，业务容量也变得更大。

美好生活，还有什么是天翼做不到的呢?

所以，请与天翼一起，创造专属你的通讯未来吧!

附文：略

品牌扩张期：

标题：天翼189，为你的世界“添翼”

正文：秉持更先进、更自由、更宽广的移动互联网技术，天翼189手机，为你的世界插上了腾飞的翅膀，为你繁忙的商务工作和美好的未来生活“添翼”。

天翼 189，随时随地的移动办公室

天翼 189 不仅仅是一款多功能手机，更是帮助你实现更大商业成功的移动好伙伴，是你随时随地的移动办公室。无论在熙熙攘攘的都市人流中，还是在急速飞驰的和谐列车内，你都可以更隐秘、更安全、更直观、更高效地同合作伙伴进行愉快的沟通，与公司同事商议最新的方案，给部属下达明确的工作指令。天翼 189，将使你在商海的惊涛骇浪中恰似闲庭信步。

天翼 189，随心所欲的娱乐休闲所

天翼 189 不仅仅是一款多功能手机，更是帮助你享受丰富多彩的娱乐休闲生活的移动伴侣，是你随心所欲的娱乐休闲所。你可以在百无聊赖地等待公车时体验最新手机游戏带给你的乐趣，你可以在漫长的旅途中欣赏最激烈的动作影片、最缠绵的爱情故事，你甚至可以在别人艳羡的目光中，取走最新款的 ONLY、艾格或者 LV，而不需要支付任何现金，因为你的天翼 189 就是最安全和便捷的信用卡，也是最好的身份证明。你知道消费就是休闲，就是娱乐。

天翼 189，无所不包的资讯新闻站

当然，驾驭未来的天翼 189 也是一个无所不包的移动资讯新闻站。在信息时代谁掌握了最新的资讯，谁就掌握了先机和竞争的优势。天翼 189 先进的移动互联网技术保证你可以随时接收到最新和最全面的资讯，无论你用于商务决策，还是职业抉择，抑或只是希望在阴雨到来之前为自己和家人准备一把既漂亮又实用的雨伞。

天翼 189，畅通无阻的移动互联网

天翼 189 对你而言无比强大和亲密的工作与生活伙伴角色，得益于天翼先进的信息通讯技术和高速的移动互联功能。也许你厌倦了那硕大的电脑显示器和嗡嗡的机箱声，即使是超薄的液晶显示屏仍不能让你感觉到任何的视觉和心理轻松度，因为你无法将它们装进你精致的 LV 或 ARMANI 口袋中。天翼 189 完美地弥补了你的心理和身份空缺，它用畅通无阻的移动互联网征服了你的多样化功能需求和追求完美的心理需求。

所以，请与天翼 189 一起，为创造美好未来生活“添翼”。

附文：略

思考题：

1. 列举报纸广告的优点与缺点，分析报纸广告文案的写作策略。
2. 直接邮寄广告文案在写作时应注意哪些问题？
3. 为某运动服装品牌撰写系列广告文案 3 篇，重点突出其年轻化的品牌形象。
4. 为电商平台撰写一封活动促销的邀请直邮信件，具体促销内容及优惠条件可自定。

第五章　广播电视广告文案写作

在所有的广告媒体形式中，除了以二维形式为主的报纸、杂志等平面广告外，还有广播、电影、电视、网络等大量的三维甚至四维形式的广告媒体，这些媒体综合运用了声音、图像、文字等多种表达手段来表现产品内容，传达广告诉求。因为其表现方式的多样性，其语言特点和风格也不尽相同，其文案撰写表现出同平面广告文案完全不同的方式方法。

第一节　广播广告文案写作

广播广告是以声音为主要传达媒介的广告形式，在当今时代，因为其缺乏必要的视觉刺激而造成其影响力远不及电视、报纸和杂志。据统计，人们所接受信息的90%以上都来自于视觉，而广播广告在视觉刺激方面有天然的局限性。但广播媒体也有其优点，如传播方式的即时性、传播范围的广泛性、收听方式的随意性、受众层次的多样性、制作成本与播出费用的低廉性、播出的灵活性以及激发情感的煽动性等。这些优点也在如今媒体选择多样化、媒体关注个性化的今天得到了很好的弘扬，因此对某些品牌而言，广播广告成为最有力的补充和最经济的营销形式。以下我们将广播广告文案写作的基本要求、主要类型和撰写特点陈述如下。

一、广播广告的基本要求

根据广播广告的主要媒介形式和传播的优缺点，我们认为广播广告的设计与文案撰写一般应满足如下几个方面的基本要求。

1. 内容必须一听就明白

文字是有声语言的符号，但又不完全等同于有声语言。中国文字中有许多字是音同字不同，写出来清清楚楚，只听读音却常常会引起误解，发生歧义，有时候甚至让人一点儿也听不懂。例“××商店出售食油”，是食用油还是工业用石油？“有75％的儿童缺锌”，以及“每到3月，桑事繁忙”，听起来都极容易闹笑话。

2. 必须整体规划三要素

一般说来，每一条广播广告都使用三种声音（人声、效果声和音乐）来传达讯息，所以在广播广告创作中要特别注意这三者的整体规划与把握。否则就可能造成一条广告三张皮的现象，破坏广告效果。

3. 要有一个好的开头

广播广告一开始就要抓住人，因为大多数听众都是在无意的状态下收听广播广告的，一般说来，听众只会准时收听自己喜爱的节目而不会专门等待收听广告，所以广告的开头很重要。如果开头不能引起人的注意，之后听众就很难再进入状态，广告的效力也就损失了大半，所以优秀的广告都是在如何开个好头上狠下功夫。

4. 要亲切感人

老舍先生说过：“世界上最好的文字就是最亲切的文字。所谓亲切就是普通话，别人这么说，我也这么说，不是用了一大车大家不了解的词汇。”所以，广播广告中的话要让人听着顺耳、顺心，必须以情感人。要像与朋友谈心聊天一样，和蔼可亲，不能教训人，要多用商量的口吻。只有这样才能贴近听众，而只有贴近听众，广告才有可能起作用。创作广播广告时要尽量少用书面语言，少用华丽的语言，少用修饰的语言，要多用生活中的口语，多用短句。

5.尽量简洁单一

广播广告的听众较其他任何媒介的受众更多地处于一种随意状态，又没有视觉的参与，所以越是简洁单一的概念，越容易钻入听众的脑海，也越容易被记住。在信息爆炸的今天，只有单纯、简洁的东西才不会给疲惫的听众加重记忆的负担。广播广告最忌讳冗长、复杂，越是说得多，越是面面俱到，其效果则越适得其反。

6.充分调动人的想象力

广播广告只靠声音传播，因此它可以激发起人们丰富的联想，从而产生无穷的魅力。它那亲昵的话语、迷人的音乐、悦耳的音响，让人心旷神怡。借助听众的想象，广播可以完成其他任何媒体所不能完成的使命。难怪人说，“描述天下第一美女，最好用广播”！所以美国营销学家曼尔玛·赫伊拉说，“不是卖牛排，而是卖煎牛排的嗞嗞声”！广播广告要善于充分调动人们的想象力。

7.努力塑造声音的个性

在五光十色的广告海洋里，没有个性的广告是难以让人记住的，广播广告也是如此，在创作中一定要注意努力塑造一个与众不同的声音，令人难以忘怀的音乐形象，并注意始终保持统一。力争让听众一听到你的语音或旋律，就知道是你来了，而不与其他任何品牌形象混淆。当然，这是一个长期的战略任务。

二、广播广告的构成要素

一个完整的广播广告由三个基本要素构成，分别是人声、乐声和音响。并不是所有的广播广告都具备这三个方面的因素，除了人声之外，其他两方面的因素在有些广播广告中存在，在有些广播广告中则没有。只要能完整地表达广告的诉求，实现广告传播的目的，它就是好的广播广告，并不一定要求其构成要素必须做到全面。

1.人声

人声语言可以分为口头语言和文字语言。口头语言结构简洁、通俗易懂、浅显生动、感情色彩强烈；文字语言规范、严谨、优美、准确、洗练。广播广告的人声语言兼容了口头语言与书面语言的优点。但是在使用广播语言时应注意：在广播广告中，人声语言要做到词语准确、贴切，切忌使用极端用语；人声语言要做到正确使用同音字和同音词，否则容易产生误听和歧义；人声语言要做到简略，语句明确。

人声是广播广告中的重要因素，关于人声这一语言要素在广播广告文案撰写中应该注意哪些问题，我们在下文再作更为详尽的论述。

2.音乐

广播广告的音乐包括器乐和声乐两个方面。在广播广告中对音乐的选择应注意如下几点：音乐的旋律、音调、节奏都要与广告语言的音量、节奏、广告主题相配合；最关键的是要明确音乐在广告整体中的作用；对直陈式广播广告而言，音乐是背景，其作用在于烘托语意的表达，一般选择旋律优美、节奏舒缓的音乐；在表演式的广播广告中，音乐不是简单地烘托，所以要选择对广告主题有充分表现力的音乐；当无现成的可供选择的音乐时，要根据广播广告的要求专门创作适当的音乐。

3. 音响

音响，即音响效果。它利用多种器具和技术，模拟各种音响，如风声、雨声、枪声、炮声、兽吼声、鸟鸣声等，使受众有身临其境之感。广播广告的音响对语言有提示和补充的作用，特别是在创造环境氛围方面更能激发人们的想象力。比如，听到虫鸣可以想象田野，听到风吼可以想象严冬，听到浪涛声可以想象大海等。

下面是一则深圳人民广播电台青岛纯生啤酒的广播广告文案，我们来看一下这三方面的要素是如何配合使用的：

（强劲的 Disco 音乐，酒吧内人群喧闹声）　——音乐、音响

男甲：难得老朋友联欢会，咱们来一打青岛纯生啤酒！　——人声

众人附和：好！　——人声

（开啤酒瓶声、喝酒声）　——音响

（悠然的田园音乐起）　——音乐

男乙：啊！喝纯生，我像回到了童年时的田园生活，挺舒服，挺纯生的！

——人声

（回到嘈杂的酒吧）　——音响

男甲：真的？我也要感受一下！　——人声

（喝酒声）　——音响

（校园民谣起）　——音乐

咦？我好像看见了我的初恋情人，和我漫步在校园里，好浪漫，好纯！

——人声

男丙：shi——，你老婆来了，别说了！　——人声

女：你说你看见谁了？　——人声

男甲：呃！不就看见你了吗？你当年可纯了。　——人声

（众人欢笑声）　——音响

（倒啤酒声） ——音响

男（旁白）：品尝纯生，品味纯真。 ——人声

一种让感觉升华的啤酒——青岛纯生啤酒！ ——人声

由上面的论述我们可以看出，在广播广告中，如果一个广告全都具备这三个方面的因素，那么文案就不仅仅是指语言人声的部分，它也应该明确表明音乐和音响的部分，这样才是完整的。因此，广播广告的文案不仅仅是语言这一基本主体，还包括对于广告主题传达具有重要价值和意义的、广告作品不可缺少的音乐和音响的补充内容，这也更加说明单纯把广告文案看作是广告作品中的语言部分的观点是不恰当的。

三、广播广告的主要类型

广播广告的类型多种多样，我们仅从其文案表现形式和风格的角度将其划分为自述式、直陈式、对播式、现场式、广播剧式、歌曲式等。

1. 自述式

借助虚构或真实的广告产品使用者的口吻表述使用本产品的个人生活经历和消费经历，表达自己使用产品或服务的切身体验和体会，以其影响听众，拉近与普通消费者的距离，做好沟通。如台湾地区彪马（PUMA）运动鞋的广播广告文案：

（男声）我是个庸庸碌碌的上班族。不过在平淡的生活中，我倒有一件法宝——PUMA。

星期一，我喜欢走仁爱林荫道来公司，借以平和我的“星期一忧郁症”。

星期二，故意挑公司后的小巷道，多绕些路，只为了听听附近住家起床号的声音。

星期三，我会从小学旁经过，看看年轻的生命活力，顺便感怀一下我自

已消逝的天真童年。

星期四，我索性来一段慢跑。

（口白渐弱）

标版：快乐的走路族——PUMA彪马运动鞋。

在这则广播广告里，一个普通的男性上班族用日记的方式陈述了自己一周里穿着彪马运动鞋上班的所见所闻、所思所感：从家到公司这段路，他特意选择不同的路线，以领略和感受不同的风景，抚平自己的郁闷心情，感怀自己逝去的美好时光。在这些简单的事情中，自述者用彪马运动鞋创造了大量的生活趣味。

再如获得2007年中国广告节广播广告银奖的一则广播广告，其文案是：

女声：还记得第一次带我回家的兴奋吗？还记得第一次和我外出的激动吗？还记得第一次发现我受伤的难过吗？是的，你都记得。可是你还记得上一次为我换润滑油是什么时候吗？

男声标版：来自马石油的马师傅提醒您，保护爱车的引擎，适时更换润滑油。

马石油！

这则广播广告以一个女性的声音和口吻向我们讲述她与另外一位之间的故事。广告的前三个"还记得吗"让我们产生这是一种恋人之间娇嗔的窃窃私语的印象，而这个时候的自述语调和音乐也都是轻柔和浪漫的。当文案转到润滑油时，语调陡转，音乐乍停，广告的诉求主题也被揭示出来了，看似误会，其实这并非误会，每一个爱车的人不都是将车看作是自己的恋人吗?!

2. 直陈式

这种广告方式是用直接叙述的语气将广告信息简明扼要地写出来，由播音员自己或者演员通过录音合成的方式制作而成，所以有时候也称之为直播式的广播广告。如下面这则吉林人民广播电台翠涵怡茶艺楼的广播广告文案：

翠绿涵儒，怡心养性，茶，淡泊而明志，宁静以致远。

翠涵怡茶艺馆让您在高山流水中倾听天籁之音，演绎商战风云，尽显高雅浪漫。一生为墨客，几世为茶仙。

长春市西安大路58号，约茶电话：8569999

简单而直接的陈述将茶艺馆的特点通晓明白地表达出来，听众很容易就明白广告诉求的主题和意图。再如下面这则成都人民广播电台为奇瑞轿车所作的广播广告：

他是一名出色的前锋，惊人的速度好像一把锋线快刀。

他是一名智慧的中锋，全局操控，灵活机动。

他是一名坚强后卫，安全防卫是他的天职。

他是一位高明的教练，深知艺术与对抗的完美融合。

98马力，强劲动能，奇瑞二代E系列，全能冠军之选，与世界杯同欢呼，动静皆风云。

在这里，广告将商品奇瑞二代E系列轿车比喻为足球场上各种各样杰出和优秀的角色，用这样的比喻，作用有两方面：第一，可以很好地吸引中青年男性的注意力。这些消费者热爱足球运动，同时又是汽车消费者的主力人群，他们对汽车的关注更多地是试图享受驾驶的快感，那强劲的马力和动力又很契合他们消费心理的诉求点。第二，将足球运动中的各种角色很好地与正在举行的世界杯比赛联系了起来，体现了广告的与时俱进，能更好地吸引消费者的注意力，增强传播力度和效果。

3. 对播式

又叫对话式，由两个或两个以上的人物，以生活中常见的对话方式，进行简单的问答，通过问答的过程向听众介绍产品的信息、产品带给消费者的利益承诺以及广告诉求的主题等。如首届中国 4A 创意大赛的这则广播广告文案：

甲：听说那事了吗？

乙：什么事啊？

甲：地，地，地震呐，七八级的，有个写字楼全塌了。只有一个人是自己从废墟里走出来的！

乙：啊！何许人也啊？

甲：呵呵呵呵，他是创意人！

男声标版：有好创意，当然死不了，首届中国 4A 创意金印奖，正在寻找死不了的好创意。详情请登录 www.4achina.org.cn 查询。

与自述式和直陈式广告相比，对播式的广告增加了声音的角色，使得广告内容更加丰富，感染力更强，而且比简单的陈述更能体现生活的特色，也更加亲切。再如下面这则时风农用车的广播广告就设定了母子二人的对话场景：

女：二子，车站又来粮了，还不快开着车拉去！

男：拉什么拉，车又坏了！咱那破车，三天两头坏，人家跑两趟，我还跑不了一趟，又费油，累一天挣不回油钱不说，我丢不起那人，我不去！

女：（突然想起）唉！你表哥不是刚买了辆新时风吗？都说那车好。

男：您要是能借来，我就去！

女：好！

（农用车由远至近，停车……）

男：妈！您猜我今天跑了几趟？10 趟！500 块！要这样，咱可就发啦！咱也换辆时风吧！这车真棒，拉得多、跑得快，既经用、又省油，有了时风，要不了两年我就可以盖大瓦房娶媳妇，您就可以抱孙子啦！

（音乐压混……）

标版解说：为了让更多农民富起来，时风正在努力！

4.现场式

这种广播广告通常由声音、音响和音乐三种要素或者其中两种紧密结合，营造一个真实的现场，虽然我们只能通过声音来感受现场的气氛，但它带给我们的想象力却是无比丰富的。这种方式可以创造全方位的、感染力更强的广播广告氛围。

如第14届中国广告节有一则关爱聋人的公益广播广告，其文案是：

女声：嘘，请大家安静！（30秒内无任何声响）

男声标版：感受无声世界，关注失聪人群！

这则广告的内容非常简单，但创意与文案却非常精彩。从创意上看，广告巧妙地将故意的无声音的空白同失聪人群听不到任何声音的状态对照结合起来，让普通的听众既能在空白的时间段里引起足够的注意，又能深刻地体会无声世界的痛苦与无奈。从文案上看，这则广告简单却具有强大的力量，尤其是最后的广告语，字字珠玑，紧扣主题，感染力极强。

另一则公益广告同样很好地展现了现场的效果，这是一则关于水资源保护的广播广告，其文案如下：

（哗哗的流水声）这是流水声。

（心电设备嘀嘀嘀嘀的脉搏声）这是心跳声。

（哗哗的流水声，稍顿，嘀嘀的声音变慢）这既是流水声，也是心跳声。

（嘀的一声）听不到流水声时，心跳也即将停止。（伴随着停止是心跳监测设备嘀的长音）

（嘀的长音，继续）保护水资源，等于保护我们的生命！

这则广播广告先后为我们描述了流水声、旺盛的心跳声、即将停止的心跳声以及已经停止的心跳声等多种现场状态。这些状态配合文案内容，向我们形象地展示了水资源保护的紧迫性和重要性。

再看另一则优秀的广播广告，这是雪福莱业余网球大赛的广播广告，其文案是：

男声：（在嘈杂的比赛现场，各种哨声、掌声等）好，各位观众朋友，万众瞩目的混合双打的比赛马上就要开始了，准备接发球的选手已经等待多时……，他们仍然在等待……，我们也在等待……，他们换一个姿势继续等待，我们也一样……（口哨音、掌声）。好，我们先进一段广告，看来他的球发不出来了。

标版男声：我为网球狂，雪佛兰业余网球大赛，就等你来打，详情请登录雪佛兰官方网站。

实际上这是电视广告版本的声音部分，但即使没有任何画面，文案和音响也将诉求主题表现得淋漓尽致。该广告用现场解说的形式表现了一个完整的想象的画面故事，让人印象深刻，妙趣横生。

5. 广播剧式

这是广播广告中一种非常有意思，且特别吸引人的表现形式。它以话剧为基础，同时配上相应的音乐、音响或者旁白，形成了一种广告文案。既然是剧，那一定会有设定的情境、必要的情节发展和过程、一个以上的人物形象，以及他们之间的对话等。例如下面这则关于普及普通话的公益广播广告。

（街道车水马龙，公交车嘈杂的声音，并伴有公交车广播的音效：上车往里走，不要站在门口……）

男乘客（方言）：师傅，见过么？

女售票员（生气）：有病啊，你！

男乘客（认真地，一字一顿地，方言）：见－过－么。

女售票员（拍打钞票的声音，气愤）：**一百元大钞，谁没见过！**

男乘客（着急，委屈，方言）：**哎，额是说建国门！**

（特殊的恍然大悟的音效，喔——，并伴有哄笑）

男声：如果这位老兄会说普通话，那么……

（磁带倒转的声音）

（街道车水马龙，公交车嘈杂的声音，并伴有公交车广播的音效：上车往里走，不要站在门口……）

男乘客（普通话）：您好，建国门。

女售票员：好的，请拿好您的车票！

男乘客（普通话）：谢谢！

标版：说好普通话，拉近你我之间的距离。

男乘客：说好普通话，上车买票再不怕！（众人哄笑的声音）

广播剧既然是一种戏剧形式，那就得设置必要的戏剧冲突，上面这则广告文案就将语言不明了所造成的矛盾作为戏剧冲突表现出来，有了较好的戏剧冲突，才能吸引听众的注意。同时，在广播广告文案中，要注意将渲染气氛的音响、音乐写到括号中，便于制作时运用，以强化广告的传播效果。更重要的是，通过上面的戏剧冲突和氛围，要能很集中地反映广告诉求的主题，任何表现形式都是为了体现广告诉求主题而存在的。

6. 歌曲式

通过歌曲的方式将产品或服务的优异性能、品牌名称、广告诉求主题和倡导的观念等内容表现出来，其广告文案就是广告歌曲的歌词。这样的广播广告形象生动，感染力强，而且朗朗上口，听众的兴趣更浓了。如这则拒绝毒品的公益广告就是通过说唱歌曲的方式传播出来的。

男声唱：Come on，我是 I，你是 you，谢谢 thank you，来是 come，去是 go，点头 yes 摇头 no，摇头 no。接触身边摇头丸，比学这几句英语还简单，劝您离它远一点，别陷入无底的深渊。摇头 no 摇头 no，no no no no no。劝您离它远一点，千万别陷入无底的深渊。喔，no no！

男声：拒绝毒品，要对摇头丸说不！

在这则广告中，一个年轻的声音利用时下最尚的歌曲说唱的形式，倡导人们对摇头丸之类的毒品说“不”。毒品最易在年轻群体中流行，说唱的方式很容易让这些人产生共鸣。“no”的反复吟唱既符合说唱的歌曲风格与形式，又反复传达出广告主对于毒品坚决反对和拒绝的态度。

辽宁人民广播电台在汶川地震期间所作的公益广告《孩子别哭》就是一首原创歌曲，其文案如下：

（音乐压混——音效：地震　孩子哭）

（音乐压混——同期声：温家宝总理在四川绵阳九洲体育馆地震灾民安置点看望灾民，安慰受伤儿童和在地震中失去亲人的孩子们：别哭啊！这是一场灾难，别哭。政府管你们生活，管你们学习。）（出原创歌曲）

孩子别哭，我知道你很无助。

孩子别哭，我知道你很孤独。

孩子不哭，在这世上你并不孤独。

孩子不哭，爱你的人都会让你幸福。

孩子不哭，走好你未来的路。

孩子不哭，让快乐伴随你脚步。

不哭，不哭。

结束语女声：地震无情，人间有爱！

厦门大学教授朱月昌认为广告歌曲是广播广告的独门武器，是广播广告独有的形式，具有很强的可听性。尤其是一些原创歌曲，更能产生独特的传播效果，值得提倡。

四、广播广告文案中语言的写作技巧

广播广告靠声音的渲染力和感染力来影响和感动听众与消费者，但声音本身具有单一性和易逝性的特点，听众在收听广播时往往还在做其他的事情，因此，为了更好地提高广播广告的传播力和感染力，让听众在有限的时间内，仅靠听觉就能对广告主题留下深刻印象，应该特别重视广播广告文案撰写的技巧。

1.广播广告的文案注重口语化

口语化主要靠词汇选择的方式来实现，这里面的技巧包括多使用口语词汇、多用双音节词语、避免同音异字词、注意简称的使用，多用语气词等。

口语词汇较之书面语声音响亮，通俗易懂，适宜用声音的方式来表达较为深刻的内涵。而且，对本地人来说，口语词汇尤其是带有本地方言特色的口语词汇具有更强大的亲和力。相对而言，书面词汇的声音亲和力就差了些，文言词语更差，当然有的时候在大量的口语词汇中，如果出现一两个文言词汇也能收到较好的幽默效果，但这显然不能多用和滥用。如下面的例子：

话说当今的火锅城满街都是，可要说好吃还得是人家福满楼的肥牛火锅。锅烫、肉嫩、片薄、料足、味正，特一级厨师料理。那原料可是从北京那儿大老远运来的，中德合资华安肉联公司的上等货色。酒店徐经理让我给您捎个话儿，他们在那儿恭候着您呢。花个两三百块钱吃顿肥牛火锅，哎，上算！福满楼在哪儿？惠工广场，您知道吗？东面100米，门脸古色古香。哎，我这儿揣着订餐电话呢：8807932。哎，上福满楼，别忘了叫着我啊！

在这则火锅城的广播广告中，大量使用了口语词和语气词。很多词语带有浓烈的地方方言特色，如“大老远”“捎个话儿”“恭候”“上算”，包括很多句子在语气上也具有浓烈的北京方言特色，如儿化音的使用，敬语词“您”的使用等。当然在这段广告文案中，语气词的使用也比较频繁，如呢、哎、吗、啊等，表现出灵活和生动的语言色彩。在口语词的使用上也恰当地加入了古语口语词，如开头的“话说”，这是古语词中讲口语故事经常使用的开场方式，在这里使用能让人耳目一新，提请听众注意，同时，印象更加深刻了。

口语词的使用在广播广告文案中的作用非常明显，如果改成书面语，那广告就是另外一个味了，我们不妨试一下。如上面这则广告如果改成平面广告文案，则是：

位于惠工广场东100米的福满楼酒楼，近日隆重推出肥牛火锅。该火锅用料考究，由特一级厨师制作，口味独特，包您满意。请记住订餐电话：8807932。热忱欢迎您的惠顾。

很显然，平面广告非常注意使用书面语以及复杂的句式。如“近日”、“隆重”、“考究”、“热忱、”惠顾”等词语就具有明显的书面语特色。首句的“位于惠工广场东100米的福满楼酒楼”也是一个有复杂修饰成分的短语做句子的主语，书面色彩较之广播广告浓了许多。

简称有助于听众的记忆，但如果使用不规范的简称或者广告主临时杜撰的简称，则可能在信息传播上造成误解，甚至会对广告主造成不必要的麻烦，但如果这些简称已经在群众中广泛流传开来，那就另当别论了，如下面天津台的这则驾校的广播广告：

（京剧唱段、马路汽车行驶音——）

男：（我正在城楼观山景……）唱京剧咱是票友，要说这开车嘛，咱可是本科呀！天津交通驾校毕的业。我们的母校三十年廉洁自律，桃李满天下、誉满咱天津卫。现今正在搞暑期大优惠，什么大客、小客、大货、小货、初学、增驾，所有价格全面下调，机不可失，良机莫错。哎！想学开车吗？想学真本事吗？那就到天津交通驾校。

地址：红桥区四青道138号，电话：27358835。记号喽，电话是27358835

在广播广告中使用一些约定俗成的简称，能够收到增强记忆力和亲和力的效果，如上述广告中的大客、小客、大货、小货，以及初学、增驾等都是简称。如果大多数人对简称的词语并不熟悉，就最好别用。

在广播广告中要体现口语化，还要注意多使用语气词。语气词使用的恰当与否是体现文体谈话色彩浓郁度高低的重要标志。以下这则由辽宁人民广播电台创作的禾丰饲料的广告，获得了首届全国广播广告作品创优评析商业类广告一等奖，这则广告较好地使用了语气词：

（相声表演片断）

甲：人有人的语言。

乙：是啊。

甲：动物也有动物的语言。

乙：对啊！

甲：你能听得懂吗？

乙：能啊！

甲：那你来听听这段。（出“牛叫声”音效）

乙：这不是说“吃禾丰饲料，长肥膘”吗？

甲：你再来听听这段。（出“公鸡叫声”音效）

乙：这个的意思是“禾丰饲料，味道真好！”

甲：还有一段。（出“羊叫声”音效）

乙：说的是“禾丰饲料，营养真高！”

甲：哎，全是禾丰啊！

男播：禾丰饲料，有口皆碑。辽宁禾丰牧业集团。

在这则广告中，“吗”、“啊”、“哎”等语气词反复使用，使整个广告作品显得生动活泼，富有感染力。

2. 在广告中注意适当重复，强化听众的记忆

广告的重复有两种方式。一是广告作品本身在发布时进行适当的重

复，即同样的广告作品在一定时间内不间断或间隔一定时间段多次发布。比如广告主购买 15 秒时段，但可以仅仅发布 5 秒长的广播广告，这样就可以重复播放三次，无形之中提高了广告的发布频率，提升了记忆度。当然广告主也可以在一天内分别购买几个时段，在每个时段发布同一广告，这也可以提升受众的记忆度。这种重复是完整的广告作品整体的重复。另一种重复是在广告作品内，广告主题或品牌名称反复出现。这种重复对于以声音传播为主的广播广告尤其有效。如下面这则山东台所作的《齐鲁晚报》的广告：

（车水马龙的街市……）

男卖报人：晚报，晚报，《齐鲁晚报》——

女买报者：来份《齐鲁晚报》。

八哥鸟叫：晚报，晚报，《齐鲁晚报》——

女买报者：咦？是八哥？这小鸟也会喊？

八哥鸟叫：晚报，晚报，《齐鲁晚报》——

女买报者：我说大叔，这是您的八哥？

男卖报人：是啊，我养了它两年了，天天跟着我来卖报。

来！晚报，晚报，《齐鲁晚报》——

男买报者：哎，给我一份。

男卖报人：好嘞，来一份。

八哥鸟叫：来一份，来一份。

男买报者：哎，我说大叔，您这八哥给您招来不少买卖吧？

男卖报人：那是。我这《齐鲁晚报》特好卖。

来！晚报，晚报，《齐鲁晚报》——

八哥鸟叫：晚报，晚报，《齐鲁晚报》……

（车水马龙的街市音效渐隐，音乐起……）

男声标版：《齐鲁晚报》，家喻户晓；《齐鲁晚报》，连鸟儿都知道。

这则广告的诉求主题是《齐鲁晚报》广泛的公众知名度，在广告中，品牌的名称被反复传播，前后达10次，用不了两句话品牌名称就会出现一次。这种处理不仅很好地体现出了《齐鲁晚报》家喻户晓的特点，也让即使是从中间听起广告或者半路走神的人在脑海中留下印记。

平面广告文案的写作比较忌讳重复，因此会使用大量的代词来避免名称的重复和乏味，但广播广告不一样，不仅不能怕重复，还要有意进行重复。当然重复也不是越多越好，我们得把握好度，每次重复时多少有一些变化。

3. 为了便于记忆，广播广告的句子要尽量简短

广播广告的句子如果太长，听众很难在较短的时间内仅仅依靠听觉完整和准确地记住它，为了能让广告信息很轻松和容易地被听众记住，广播广告的文案应该注意多使用短句。如果必须使用一些长的或者修饰成分较多的复杂句子，可以通过一些修辞手法，如使用排比、对偶等来消解这些复杂的结构。为了避免受众在听的过程中产生歧义，出现理解上的困难和误差，广播广告应该少用包括倒装句在内的一些复杂的句型。请看下面的例子。

（音响：钟声响第一声之后，音乐淡出再出钟声）

男中音：

岱庙，历代帝王祭天的地方，

登泰山从这里开始（转飘缈神秘的音乐）

（高亢）经孔子登临处，步步登高，

一路千年文化，一路无限风光。

（幽静的山崖中，流水声、瀑布声、鸟鸣声与景观融为一体）

（悠扬）山高水长，云桥飞瀑，

鸟语松风，十八盘盘，

直上蓝天。（宁静舒缓的音乐渐出）

神游不如亲临。（之后加响鼓声）

朋友，泰山欢迎您。（音响、音乐渐渐消失）

这是一则关于泰山旅游的广播广告，我们发现这些句子基本上都是正常的句子顺序，即主状谓宾。句子也较短，最长的句子也只有 11 个字而已，句子都没有比较复杂的修饰成分。在描绘泰山的风景和神圣的探寻历程时，还使用了排比、对偶等修辞手法，如“一路千年文化，一路无限风光”、“山高水长，云桥飞瀑，鸟语松风”这些句子既短小精悍，同时通过声音表现出来时又极具节奏感，富有感染力。

第二节　电视广告文案写作

电视广告是以图像和声音共同作用于受众的媒体形式，它具有较强的全面性和感染性，在所有的广告形式中，电视广告的影响力最大、最明显。目前在主要的传播媒体中，电视广告的营业额最大。本节主要介绍电视广告的基本策略、文案语境特点、语言风格与特点、文案结构以及撰写特点等内容。

一、电视广告文案的概念

电视广告文案指的是能够反映电视广告全部内容的文字脚本和底本。有的人认为电视广告的文案只是电视广告作品中语言或者文字的部分，这种观点是不准确的。在电视广告中，除了语言之外，要传达产品信息和广告主题靠的是大量画面和各种人声之外的音乐音效。所以电视广告文案除了含有必要的文字之外，还包括反映画面内容及声音的文字。具体来讲，电视广告文案应该用文字的方式明确表现电视广告作品中人的语言、画面内容以及音乐和音响效果等内容。以下分别就其个性特点逐一进行论述。

二、电视广告文案的基本策略

电视广告是应用最广泛的媒体广告形式之一，在电视广告的创意、制作和发布上，应该注意以下几方面内容：

1. 把握动态演示，注重情感诉求

电视广告媒介是诸多广告媒介中唯一能够进行动态演示的感情型媒体。它以视听结合的方式刺激人的感官和心理，从而具备一种特殊的感染力。所以，电视广告应着重情感诉求而不是逻辑诉求，在实际运作中，电视广告应该特别注意情绪的渲染，注意动态形象的塑造，尽量避免使用静态画面。在视听语言的运用上，应该在允许的范围内尽可能提高视觉与听觉的刺激度，力求最迅速、最大限度地撩拨起受众的情绪，从而产生强烈而深刻的印象。

2. 信息要简洁、单一

电视广告的时间极为短暂，不可能承载过多的或复杂的信息。电视广告一定要使人易认、易记，尽量减轻观众的认知与记忆负担，否则观众是不会买账的。在当今“信息爆炸”的时代，只有单纯、简洁、明确的信息才有可能被受众记住。

3. 适时对准目标对象

慎重地选择目标对象，是电视广告成功的关键。在策划电视广告之初，务必确切地把握住你的目标对象究竟是什么样的人，他们关心什么、喜欢什么、心理趋向如何，他们什么时候会坐在电视机前。否则，短短几十秒的电视广告是难以击中目标受众的。

4. 创意要有震撼力

电视广告在众多广告接二连三快速演播和受众厌倦的情况下，要靠创意的出奇制胜和震撼力给观众留下深刻印象。创意要充分发挥独创性和非凡的想象力。正如美国著名的DDB广告公司总裁威廉·伯恩巴克所指出的:“要使观众在一瞬间发生惊叹,立即明白商品的优点,而且永不忘记。”这才是杰出的销售创意。销售创意要有个性,要靠有力、明确以及干净利落的构思来体现。

5.技法综合运用

电视广告的表现技法十分复杂,例如不同景别(远景、全景、中景、近景、特写)的镜头语言,具有不同的表现力;不同的镜头运动方法(推镜头、拉镜头、摇镜头、跟镜头)具有不同的表现力;蒙太奇技巧等更是变幻丰富,“三维”和“特技合成”的合理应用能实现常理所不能实现的东西,包括物的创造以及时空的自由穿梭转换等,从而增强广告的表现力。电视广告要综合运用其特点,克服单一化的呆板倾向。

三、电视广告文案的非语言因素

在电视广告文案中,除了具有能够通过声音形式表现出来的语言(既包括有声的人的同期声和画外音等,也包括电视画面中的字幕等)之外,还有一些非人声或语言的要素,包括图像和音乐等。在电视广告中,图像和音乐又具有多种内容。

1.图像

电视广告中的图像是指被摄影机摄入胶片或数字贮存介质内的景物。以下有几个与图像相关的要素:

(1)画面。每一个记录了影像之后的画格就是画面,一个画面是影视广告最小的构成单位。我们考察画面时一般会使用景别的概念。景别指的是画面里表现出的视阈范围,一般分为远景、全景、中景、近景和特写。远景是电视景别中视距最远、表现空间范围最大的一种景别，其作用在于：表现远处的人物、景物，以景抒情、以景表意，表现宏大、开阔的场面；通过对事物一定数量的表现可以形成某种气势；表现较小人物，以产生某种多义性，触发观众的联想；虚写画面，意境带有某种抒情性。全景是表现人物全身形象或某一具体场景全貌的画面，其作用为完整表现被摄物体全貌，表现特定环境中的特定人物，具有定位的功能。中景是表现成年人膝盖以上部分或物体局部的画面，其特点是环境小、人物大，作用在于表现人与人相互交流和人物手臂活动，是写实的景别。近景是指成年人胸部以上部分或物体局部的画面，其特点是人物进一步逼近观众，环境的作用进一步退化；其作用在于突出环境中最有意义的局部，表现人物时形成明显的交流感，是电视中常用的景别。特写是表现成年人肩部以上的头像或某些被摄对象细部的画面，其作用在于：将被摄物体的局部充满画面，构成一种形象单一、鲜明醒目的视觉效果，从而达到强调的目的；表现事物的细节，通过对人物面部特写形成对人物心灵的认识，表现物体的质感以及特写具有不确定性的空间感等。这是一种将画面内的情绪向画面外推出的景别。

（2）镜头。镜头是指摄影机从开拍到停拍一段完整的胶片。不管拍摄对象如何变化，摄影机如何移动，只要摄影机中的胶片不停止运转，就算一个镜头。镜头有长短之分，10 秒以上的镜头，我们都称之为长镜头，长镜头具有较强的写实性，利于表现具有一定客观性的事物和场景。电视广告较少使用长镜头，一般镜头都在 5 秒以下。这是因为电视广告本身长度就很短，长则一分钟，短则 5 秒、10 秒，如果只有一个镜头，很难详尽地表现产品特点，体现诉求主题，多样化和艺术性就更难达到了。

（3）机位。机位是指摄影机安放的位置。选择最佳机位要从三个方面考虑：其一是拍摄距离；其二是拍摄方向，即正拍、侧拍、斜拍等方向的变化；其三是拍摄角度，即摄影位置和被摄物体水平面的关系，以及摄影机俯、仰、平等角度的变化。

(4)演员。演员在影视广告片中可以是人,也可以是物体或动物。选择广告演员应从广告创意出发,使人感到贴切、可爱,这样才能达到广告促销的目的。

(5)摄影用光。摄影用光决定了镜头的艺术表现力。用光决定了画面的色彩、影调、形面、轮廓和结构。用光主要有主光、副光,另外还有正侧光、眼神光、逆光、轮廓光、修饰光、顶光、脚光和背景光等。

(6)色调。色调是广告片的基本调子。色调表现内容、渲染气氛,产生强烈的艺术感染力。一部广告片要有与创意主题相适应的画面基调。这种基调应该是统一的视觉情调,如明快而清新的、热烈而绚丽的、凝重而粗犷的、低沉而悲凉的,等等。

(7)背景。背景是指广告片特定情节的具体环境,包括被摄入镜头的自然环境和布景。背景的体现,取决于各个镜头场面调度结构和整个片子的剪辑处理。

(8)字幕。字幕是指广告片中出现的文字,可以出现在开头、中间或结尾。常用的字幕有:说明字幕,即对广告片的情节和创意作必要的说明;附印字幕,叠印在影片画面上的文字;对白字幕,出现在画面的下沿,一般为对话和歌词;标版字幕,显示广告标语、品牌、商标、产品名称等。字幕在广告作品中也属于语言文字部分,因此我们也把它作为广告文案语言的重要构成部分来进行论述。

2.声音

电视广告的声音分为人声、乐声和音响三个部分。电视广告中的人声可以分为演白、旁白两种。演白是电视广告片中演员所说的话,是演员边表演,边说话。旁白即画外音,包括演员的内心独白及回忆等。人声是电视广告作品中的语言文字部分,我们在前面对此有较为详细的论述。

电视广告中的乐声分为声乐和器乐两种。声乐是常见的广告歌,器乐是根据剧情、色彩、气氛、人物、情节发展而创作的,表现主题和情节的乐曲。广告片中的乐声不但可以烘托气氛，而且可以将情节连贯起来。

电视广告中的音响是指除人声与乐声之外的声音，如鸟虫鸣、风雨声、效果声等。音响不但可以强化观众的感受，引起联想，而且可以巧妙自然地推动情节的发展。音响的来源有现场录制、人工模仿和采自音响效果资料库等。

3.时间

电视广告的时间有限，通常有5'、15'、25'、30'、45'几种，这就要求广告传达信息极为简洁，要求创作人员巧妙地处理图像、声音与时间三者之间的关系。同时，在广告文案的创作中，还必须综合考虑各个镜头所需要的时间长度，以保证电视广告作品整体的完整性和诉求传达的有效性。

四、电视广告文案的文本形式

电视广告的表现形式有多种，能够在电视媒体上播放的电视广告制作成品当然是最终的样式，具体到广告文案部分，可以通过三种方式来表现，即电影文学剧本、拍摄说明加分镜头脚本以及表格式分镜头脚本。

1.电影文学剧本式

电影文学剧本是一种运用电影思维创造银幕形象的文学样式，是电影剧作者根据自己对生活的感受、认识和理解进行艺术构思，并按照电影表现手法（包括场景、环境、人物形象、行为、动作、说白、音响及其他细节），通过文字描述以表达自己对未来影片设想的作品。电视广告文案采用电影文学剧本的基本方式，不要求有严格的形式，通过散文化和故事式文字的方式将电视广告的基本创意和内容表达出来。广告文案确定了电视广告的基本情绪基调和故事梗概，是导演和摄像进行拍摄和再创作的基础。如下面这则南方125摩托车草原篇电视广告文案：

一望无际的草原上传来一阵急促的马蹄声和催马扬鞭“驾”的焦急吆喝

声。地平线上跃出二位策马飞驰的牧民。他们纵马狂奔，闯进了草原医院的护栏。牧民神情紧张地边敲窗户，边大声地喊着："大夫！大夫！"

一个医用救护箱挎在了医生的身上。医生用脚发动南方125摩托车，手加油门。牧民连忙打开栅栏，医生飞车冲出。牧民跨上马，调头疾追。摩托车、骏马奔驰在辽阔的草原上。

医生驾车冲过河溪。牧民策马直追。遇到沟坎，医生飞车一跃而过。马匹却在沟边踟蹰不前。摩托车终于驰到蒙古包前。

夕阳西下，南方125摩托车醒目地停在蒙古包外，牧民们焦急地等待着。突然婴儿高亢的啼哭声震动了静寂的草原。母子平安，牧民们的脸上露出兴奋而宽慰的笑容。日落草原，南方125摩托车停立在蒙古包外，格外醒目。

结尾字幕：有多少南方摩托车，就有多少动人的故事。

2. 拍摄说明加分镜头脚本式

电视广告文案的内容除了阐述广告主题、广告构思、拍摄要求、音乐要求、演员要求等外，还有画面的详细描述。画面的详细描述，实际上是一种分镜头脚本，它把拍摄的内容、形式更具体化了。如下面这则东方航空公司礼物篇的电视广告：

广告名称：礼物篇

广告客户：东方航空公司

广告长度：30秒

设计说明：

1. 东方航空公司在前一年的广告中着重强调该公司实力，广告诉求点是安全感。经过一年的宣传，东方航空公司已得到大众的信赖，人们普遍树立起这种观念：乘坐东方航空公司的班机，安全，可靠。

2. 经过大量的调查，该公司发现同行业的其他各家航空公司也在做诉求点相同的广告，而大众对本公司的安全感已树立，因而确定了今年广告的另一个诉求重点：服务一流！

3. 本广告设计就是通过一般小故事来说明东方航空公司一流的服务态度，让大众体味到一种亲切、温馨的气氛。乘我们公司的飞机，就好像在自己家里一样舒适，会受到无微不至的关怀。

4. 演员要求专业演员。一位有风度的中年男士、妻子和女儿；一位空姐；主角是男士。

5. 画面主体色彩：蓝、白。（天空和飞机）

6. 拍摄地点：机场。

7. 画面配乐：开始、结尾均用飞机起飞的实况，有力、有气势。中间镜头，可用轻松、温馨的钢琴小曲。

8. 本片着重于画面人物的演技，通过这个故事，反映东方航空公司的服务周到。本片要营造一个舒适、温馨的气氛。

画面说明：

镜头一：机场全景。东方航空公司的一架飞机正慢慢着陆，镜头慢慢推近机身。要求在阳光灿烂的晴天里，上午9点左右。

镜头二：特写。飞机在镜头中横穿过，东方航空公司的字样、标志出现，从右到左。

镜头三：追拍飞机着陆，在飞机的右前方拍。

镜头四：中景。机舱内，旅客们陆续站起来，离开机舱。一位中年男士站起来，伸了一下腰，面带微笑地走向镜头。

镜头五：机舱内旅客移动缓慢，男士低头看机舱外的人，在寻找……

镜头六：镜头透过机窗，推近出口处，一位年轻的女士带着一个小女孩在等人。

镜头七：男士手提旅行箱，兴奋地走向妻子、女儿，拥抱，把女儿举起来。放下女儿，在口袋里找东西——送女儿的礼物。

镜头八：男士面部特写——找不到礼物后的沮丧、烦躁，他把小礼物丢在机舱里了！

镜头九：一位空姐手拿着男士落在机舱里的礼物走过来，送还给男士。

镜头十：男士惊喜的表情；女儿高兴的小脸，抬头看父亲；妻子喜悦的心情；空姐微笑地转回身……

镜头十一：飞机起飞，从左到右，出现“东方航空公司”字样（特写）。画外音（男声，中音，充满激情）东方服务，无微不至！

3.表格式分镜头脚本

表格式分镜头脚本是用一种更为简洁和直观的方式将电视广告的内容全面完整地表现出来，这种广告文案的表现方式更为全面，也更具有可操作性，可以提交给导演进行拍摄。

表格式分镜头脚本一般按照成片广告的镜头的顺序，将广告片的所有内容体现在一个表格中。具体项目包括如下内容：镜号与镜头长度，即成片的各个镜头的播放顺序以及每个镜头的时间长短；景别，即远景、全景、中景、近景以及特写等的区别；转场方式，即两个镜头之间是如何切换的，如切、淡入、淡出、叠化等；镜头的运动方式，即在一个镜头中画面有什么样的运动变化，如推、拉、摇、移以及跟镜头等；画面内容，即每个画面的具体场景、演员表演、动作等，这里面也包括拍摄方式，如用光、色调以及机位等内容；再有如声音、音乐、音效以及字幕等。当然并不是说所有的电视广告脚本都必须具有以上所有的内容，有的可能只有其中几项而已。但画面内容和景别一定是不能缺少的。

如下面为南方黑芝麻糊的电视广告分镜头脚本：

<table>
<tr><th>镜号</th><th>景别</th><th>镜头运动</th><th>画面内容</th><th>台词</th><th>音乐音效</th></tr>
<tr><td>1</td><td>全</td><td>下移</td><td>卖黑芝麻糊的妇女，挑担向街巷深处走去。她的女儿跟随其后</td><td rowspan="16">妇士叫卖声：“黑芝麻糊哎！”
男声：“小时候一听见芝麻糊的叫卖声，我就再也坐不住了。”
妇女叫卖声：“黑芝麻糊哎！”

左下角叠字幕“南方黑芝麻糊”

叠字幕“一股浓香一缕温暖”
男声：“南方黑芝麻糊”</td><td rowspan="16">音乐起

音乐止</td></tr>
<tr><td>2</td><td>特</td><td></td><td>芝麻担子上的油灯有节奏地摇动</td></tr>
<tr><td>3</td><td>近</td><td></td><td>男孩从门内跑出。出画</td></tr>
<tr><td>4</td><td>近</td><td>右摇
拉中</td><td>女孩用木棍搅动芝麻糊锅
芝麻糊担子
妇女从锅中舀芝麻糊盛在碗内
递给一位老太婆</td></tr>
<tr><td>5</td><td>特</td><td></td><td>锅、热气</td></tr>
<tr><td>6</td><td>特</td><td></td><td>男孩搓手、舔唇迫不及待的样子</td></tr>
<tr><td>7</td><td>大特</td><td>下移</td><td>勺倾，热乎乎的芝麻糊流出，碗接</td></tr>
<tr><td>8</td><td>大特</td><td></td><td>男孩喝芝麻糊</td></tr>
<tr><td>9</td><td>特</td><td></td><td>女孩窃视</td></tr>
<tr><td>10</td><td>近</td><td></td><td>妇女接过碗</td></tr>
<tr><td>11</td><td>特</td><td></td><td>男孩舔碗</td></tr>
<tr><td>12</td><td>特</td><td></td><td>女孩掩嘴善意地笑</td></tr>
<tr><td>13</td><td>近</td><td>下移</td><td>妇女又给男孩加了一碗芝麻糊</td></tr>
<tr><td>14</td><td>大特</td><td></td><td>男孩留恋，回味热气自右入画</td></tr>
<tr><td>15</td><td>特</td><td></td><td>包装精美的黑芝麻糊</td></tr>
<tr><td>16</td><td>标版</td><td></td><td>商标、商品名、厂名</td></tr>
</table>

思考题：

1. 试举例说明广播广告文案写作的基本要求。

2. 试举例说明广播广告的构成要素。

3. 试举例说明电视广告文案的文本形式。

4. 以“反对酒驾”的主题撰写一篇电视广告文案，采用拍摄说明加分镜头脚本式。

参考书目

[1]丁俊杰.现代广告通论[M].北京:中国物价出版社,1997.

[2]丁柏铨.广告文案写作教程[M].上海:复旦大学出版社,2002.

[3]张薇.广告文案写作[M].武汉:武汉大学出版社,2002.

[4]李欣频.诚品副作用[M].北京:电子工业出版社,2007.

[5]李欣频.十四堂人生创意课[M].北京:电子工业出版社,2008.

[6]杨梨鹤.广告文案传真[M].汕头:汕头大学出版社,2003.

[7]高志宏,徐智明.广告文案写作[M].北京:中国物价出版社,2002.

[8]胡川妮.广告创意表现[M].北京:中国人民大学出版社,2003.

[9]胡晓芸.广告文案写作[M].杭州:浙江大学出版社,1998.

[10]西沃卡.肥皂剧、性和香烟:美国广告200年经典范例[M].周向民,田力男,译.北京:光明日报出版社,2001.

[11]马谋超.广告心理——广告人对消费行为的心理把握[M].北京:中国物价出版社,1997.

[12]侯立平,郑建鹏.现代广告设计概论[M].北京:首都经贸大学出版社,2009.

[13]费尔顿,劳尔顿.广告创意与文案[M].陈安全,译.北京:中国人民大学出版社,2005.

[14]奥格威.一个广告人的自白[M].林桦,译.北京:中信出版社,2008.

[15]霍普金斯.我的广告生涯&科学的广告[M].邱凯生,译.北京:中国人民大学出版社,2008.

[16]仁科贞文,等.广告心理[M].电通广告,译.北京:外语教学与研究出版社,2008.

[17]斯蒂尔. 广告企划的艺术[M]. 孙宁，刘士平，译. 北京：中国三峡出版社，2003.

[18]格塞雷，罗伯·埃伯格. 广告创意解码[M]. 沈吕百，黄振家，译. 北京：中国物价出版社，2003.

[19]卡普斯. 增加19倍销售的广告创意法[M]. 孟庆姝，武齐，译. 呼和浩特：内蒙古人民出版社，2003.

[20]舒德森. 广告——艰难的说服[M]. 陈安全，译. 北京：华夏出版社，2003.

图书在版编目(CIP)数据

广告文案写作 / 郑建鹏,李建萍编著. —北京:中国传媒大学出版社,2017.6(2018.11重印)
(广告专业"十三五"规划教材·21世纪广告学实用教材)
ISBN 978-7-5657-1980-6

Ⅰ. ①广… Ⅱ. ①郑… ②李… Ⅲ. ①广告—写作—高等学校—教材
Ⅳ. ①F713.8

中国版本图书馆 CIP 数据核字(2017)第 098840 号

广告文案写作

GUANGGAO WENAN XIEZUO

编　　著 郑建鹏　李建萍
策划编辑 冬　妮
责任编辑 张　旭
责任印制 阳金洲

出版发行 中国传媒大学出版社
社　　址 北京市朝阳区定福庄东街 1 号　邮编:100024
电　　话 86—10—65450528　65450532　传真:65779405
网　　址 http://www.cucp.com.cn
经　　销 全国新华书店

印　　刷 北京玺诚印务有限公司
开　　本 787mm×1092mm　1/16
印　　张 11.5
字　　数 159 千字
版　　次 2017 年 6 月第 1 版
印　　次 2018 年11月第 2 次印刷

书　　号 ISBN 978-7-5657-1980-6/F·1980　　**定　　价** 39.00 元